# QuizKnock

# 学びのルーツ

The Roots of Learning

QuizKnock

新潮社

すべての人に学びの一歩を

目次

# QuizKnock　学びのルーツ

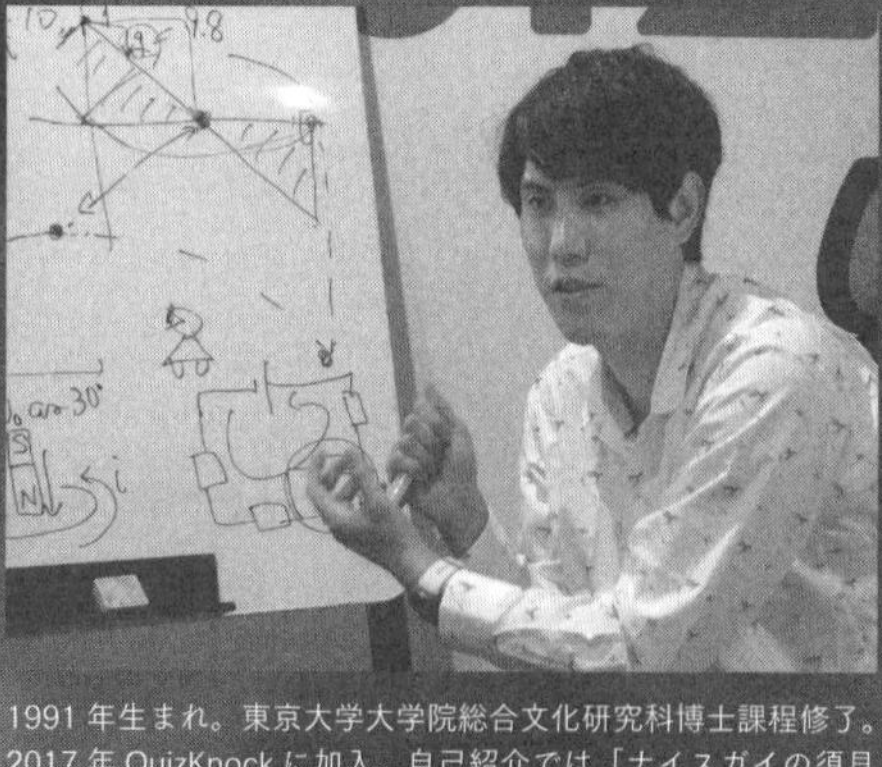

1991年生まれ。東京大学大学院総合文化研究科博士課程修了。2017年QuizKnockに加入。自己紹介では「ナイスガイの須貝です」が定番のあいさつ。国立科学博物館認定サイエンスコミュニケータで、「QuizKnock 須貝駿貴と行くKEK（高エネルギー加速器研究機構）見学ツアー」を担当するなど科学関連の企画が得意。

# 負けて、自信をつける

自分より凄い人がたくさんいる。
スポーツでも、大学受験でも、研究でも
負けてもポジティブでいられる理由とは。

Shunki
Sugai

## 須貝駿貴

01 The Roots of Learning

## 適切な難易度で自信をつける

「どうやったら、須貝さんみたいに自信を持てますか？」とよく聞かれます。

そういうときはとりあえず「胸を張れ」とか「大きな声で話そう」とか答えるんですが、本当の答えはちょっと違う。身もふたもないですが、自信が持てる理由の一つは、僕が子どものころからずっと「できる子」だったからです。

勉強について言うと、高校まではまったく苦労しなかったし、学年でも一番の成績でした。まあ高校といっても東大合格者を何人も輩出するようなところではなくて、田舎の公立校でしたけど、結果的には東大に入っているし、そもそも高校生活では勉強より野球の方が大事だったくらいですから。

じゃあなぜ僕が「できる子」になれたかというと、学校の教師をしていた両親の影響は大きいですね。僕が自信を持てるように、上手く課題を与えてくれたんです。

ゲームって、難易度が高すぎるとクリアできなくて自信を失うし、楽しくないじゃないですか。でも簡単すぎてもつまらないし、達成感がない。だからプレイヤーの腕に対してちょうどいい難易度を用意しないといけないわけですが、今思うと、僕の親はそれがとても上手だったんです。

保育園のころの話ですが、僕はすでに「裁縫ができる子」だったんです。もちろん大人のような裁縫はできないんですが、親が上手く設定して、僕がそう思いこめるようにしてくれたんだと思います。というのも、あるとき親が僕の枕カバーを縫ってくれたんですが、その仕上げの作業である、ボタン付けだけを僕にやらせてくれたんです。パチッと閉じるスナップボタンですね。

枕カバーを縫うことはできないけれど、スナップボタンを付けることだけならなんとかできる。それでも保育園児の僕にとってははじめての裁縫ですから、達成感は大きい。難易度の設定の仕方が絶妙なんです。

小学校低学年のときには子ども向け包丁なども買い与えられて料理の手伝いをしていました。なかでも、僕の得意料理は「卵焼き」でした。といっても器用に卵を巻くことはできないので、スクランブルエッグというか炒り卵というか、フライパンで卵をぐちゃぐちゃに焼くだけなんですけどね。それでも、料理は料理なので、胸を張って「僕の得意料理は卵焼き！」と言えました。

習い事にも似たことが言えると思います。

僕はピアノと水泳を習っていたんですが、この二つの習い事の共通点ってわかりますか？

それは、誰でも「ゼロからはじまること」です。子どもによっては幼いころから家で球技をやっていたり、僕みたいに料理を手伝っていたりすることがありますが、ピアノと水泳については、そういうことはまずありませんよね。

それはつまり、またゲームに例えると、誰でも「レベル1」からはじまるということです。まず鍵盤を押して音を出してみましょうとか、顔をプールの水につけてみましょうとか。

レベル98から99に上げるのは大変ですが、1から2にするのは簡単ですよね。でも達成感は大きい。

そんな感じで、僕は自信をつけていきました。そこは親のおかげですね。

## マニアック気質の強さ

あと、生まれつきものごとにのめり込みやすいというか、マニアックな気質だったことも、「できる子」であることにつながったかもしれません。僕、保育園のときにはもう漢字が少し読めるようになっていたんですけれど、それも当時熱中していた『ウルトラマン』の絵本のルビで覚えたんですね。「バルタン星人」に「せいじん」ってルビがふってあったり。

でも、よく考えるとそれも、家にウルトラマンの図鑑とかの本がたくさんあったからですよね。だからやっぱり、親がいい家庭環境を作ってくれたから自信がついた、ということになっちゃいますね。

そんなこと言われても、生まれ育った環境は変えようがないって？

それだけじゃないんです。僕は挫折もたくさん経験してきました。むしろ、「負けたとき」の心構えにこそ、僕の自信の源があるかもしれないと、最近は思います。

## 東大に落ちたけれど「オレ凄い」

高校まで勉強の成績は一番だったと言いましたが、僕は一度、東大に落ちています。

でも不合格を知っても、まったく落ち込みませんでしたね。むしろ「当然だな」と思ったことを覚えています。というのも、僕は塾や予備校に通っていないどころか、野球漬けの毎日を送っていたのだから。

田舎の高校生でしたけど、東大に受かるような高校生は東京の難関校と呼ばれる学校に通いながら、夜遅くまで塾で勉強しているってことは知っていたんです。僕とは条件が全然違うんですよね。ならば勉強量が全然足りていない僕が落ちるのは自然です。全然ショックは受けませんでした。

ちなみに、東大は不合格者にA・B・C……とランクを付けて、どの程度の点数だったかを知らせてくれるんですが、僕はAでした。むしろ「オレ、凄いじゃん」

と思いましたね。

　大人になってからも、漢字検定の準1級を二回受けて、二回とも落ちています。そのときもあまり準備できていない自覚はあり、「そりゃそうだよな」という感じでした。もちろん落ちたのは残念だし、検定料は失っているわけですけど、漢字検定を受けるために漢字の勉強ができたのは確かですから、僕のレベルは上がっているわけです。落ちたとしても受検してよかったと思っていますし、前を向いていられます。

　負けたときというのは、絶望している場合ではないんですよね。結果と原因をしっかり見つめたほうがいいと思っています。負けるにはそれなりの合理的な理由があることが多いです。だからこそ、負けたとしても内容を見つめれば、むしろ自信を得られるということもあると思います。

# 「負けられる」という幸せ

そもそも僕は、負けることが嫌いではないんです。負けるというより、「自分より強い人がいること」が嫌じゃないと言ったほうがいいかな。

子どものころの習い事から勉強、今のクイズに至るまでいろいろなことをやってきましたが、自分ははっきりとナンバーワンになれたことは、実はほとんどありません。高校までの勉強でも、日本の高校生の中では全然ナンバーワンじゃありませんでした。

僕、ゲームで負けてカンシャクを起こしたことがないんですよ。負けるのが嫌じゃないから。

むしろ、負けることができたというのは、自分よりも凄いヤツらがいる勝負の場に上がれたということだから、喜ばしいことだと感じるんです。

僕はずっと野球をやってきたんですが、別に運動神経が良かったわけじゃないんですよ。小学校の頃は、背は高かったんですけど、かけっこでは真ん中より下くらいの順位でした。だから中学校で野球部に入ったときも、かなり努力しないとレギュラーにはなれないくらいだったんですね。

それで僕は、めちゃくちゃ素振りをしたんです。素振りは一人でもできるもっとも基本的なトレーニングで、筋トレでいう腕立て伏せみたいなものです。あと、監督からの指示にも大きな声で答えるようにして、評価を上げていきました。

そのおかげでなんとかレギュラーになれたので、「レギュラーになる」というゲームでは勝てたことになりますけれど、それだけでは、野球というゲームに勝ったとはとても言えませんよね。

野球というゲームでナンバーワンになるには、例えば大谷翔平選手に勝たないといけないんですけど、さすがに無理かなという感じですよね。では野球をやったことは無駄だったかというと、そんなわけありません。野球から得たものはたくさんあります。

なによりも、僕は野球をやってきたからこそ大谷選手の凄さがわかるんです。凄いヤツに負けられるっていうのは、幸せなことでもあると思うんです。勉強も似ていて、僕はビリになるために東大に入ったんです。東大という土俵で自分よりずっと凄いヤツらを見てみたい、そんな気持ちもありました。

## 研究者向きだった理由

まず、東大では物理を専攻することにしました。入学したときには全然決まっていなかったんですけど、講義がなんとなく面白いから、本に少し感動したから、くらいの理由ですね。ただ、その前から「院に行きたい、研究者になりたい」という気持ちはあって、その後に専門を決めた感じです。

最終的な僕の専門は、物理学の中の「物性物理」です。物性というのは、我々の日常生活でも観察できるような、物質の性質のことですね。たとえば、電気を流すとか、流さないとか。そういう物性は、物質を構成している原子や、その中の電子の振る舞いなどによって決まります。原子や電子の様子を実験で観測したり、紙とペンやコンピュータでシミュレーションしたりするという分野ですね。

もともと理数系は得意でした。それから、これは最近気づいたんですが、僕は観察力が人よりも鋭いところがあるみたいです。オフィスにお茶をサーブしてくれる機械があるんですが、あるときお茶の出がちょっと悪いというか、いつもと違うことに気づいたんです。でも、周囲になんかヘンだよねと言っても、「そうかな?」という感じでピンとこなかったみたいなんですが、案の定、間もなく機械が壊れました。

この「なんかヘンだな」という勘の鋭さは物理をやる上では重要です。物理学の歴史において、新しいルールの発見は、違和感からはじまりますからね。アインシュタインの理論も、「なんか既存の理論がおかしいから調べてみよう」みたいなモチベーションからはじまったと思うんですよね。

それから、のめり込みやすい僕の性格も研究をする上ではプラスでした。さっきは「マニアック」と言いましたが、別の表現をすると、「あきらめが悪い」とか「持続力がある」と言ってもいい。

たとえば僕は『ハリー・ポッター』の映画のワンシーンのセリフを丸ごと覚えて

いるんですが、それも何百回と見たからですよね。好きなことにリソースを注ぐのがぜんぜん負担じゃないんです。

これは研究でも同じで、強みになります。研究では閃きや運も大事ですけど、どれだけ時間と労力をかけるかもとても重要なので、その意味でも研究者向きではあったと思います。

## 研究で痛感した差とこみ上げる誇らしさ

向いていると思えた研究という分野で、僕は僕なりにがんばっているつもりでしたが、僕よりも凄い人はやっぱり現れました。彼らは涼しい顔をして、毎日何十本も論文に目を通していたりする。「須貝君もそのくらい読んだほうがいいよ」と言われましたが、凝り性の僕でも、なかなか読める気がしなかった。

そういう人たちと僕はインプット量が違うから、当然、研究者としてのパフォーマンスにも差が出てしまいました。

でも、東大に落ちたときと同じで、パフォーマンスに差が出た理由ははっきりしていますよね。勉強量が全然違います。だから別に悔しくはなくて、むしろ、トップレベルの研究者の卵たちと同じ土俵に上がれたことが嬉しい。そんな世界、なかなか覗けないじゃないですか。同じ土俵にたどり着いたからこそ彼らの凄さを理解できるわけです。僕はそれが誇らしいんですよ。

## ひとつの勝負にこだわらない

もう一つ、僕が負けることが嫌じゃない理由は、いくつもの勝負を同時並行でやっていることだと思いますね。なにか一つで負けても「まあ、他があるさ」と思えるんです。

高校時代は別に受験勉強にすべての力を注いだわけじゃなくて、むしろ野球のほうを熱心にやっていましたから、東大を落ちても「オレには野球があるし」と思えたわけです。逆もしかりで、野球で負けても、もう少しで東大に合格できそうな学力がある生徒は少なかったから、「勉強なら負けない」とも思える。

研究者の道に進まないと決めたとき、僕はもうＱｕｉｚＫｎｏｃｋの仕事をはじめていましたから、研究者になれないことで人生の進路が絶たれたわけではまったくない。

野球、勉強、研究だけじゃないですよ。子どものころに習っていたピアノでも水泳でも、僕はナンバーワンになれたわけじゃないです。どの世界にも、僕よりも圧倒的に凄いヤツがいましたから。クイズも同じですよね。

つまり僕は負け続けてきたことになるけれど、それはそれでいいんですよ。僕はクイズ王伊沢拓司の凄さを理解できている自信がありますが、それは彼のそばで同じ土俵に立てたからです。負けることのメリットがそこにはあります。

それから、もし負けたくなくなっても、クイズ以外なら僕が伊沢に勝てることもたくさんありますからね。

# 謙虚だから自信が持てる

僕はよく自信家だと言われますけど、ひょっとすると逆で、謙虚なのかもしれない。だって、自分が負けるのは当然だと思っていますからね。最初の東大受験で落ちたのも当然だし、野球で大谷選手に勝てないのも、クイズで伊沢に勝てないのも当然。それまでの努力の量が違いますから。

学ぶことや勝負に参加することに怖気づいてしまう人や、負けたり夢が叶わなかったりしたときに落ち込んじゃう人は、もしかすると自信過剰なのかもしれませんね。適切な自信はチャレンジに重要ですが、過剰になるとよくないのかも。

僕はいつも「自分より上のヤツがいるはず」と思っていて、そういう人に会うことをむしろ楽しみにしていますから、負けても落ち込むことがない。逆説的ですが、そのせいもあって、自信家に見えるのかもしれないですね。

ただ、僕がそう考えられるようになったのは、子どものころの習い事からクイズまで、いろいろな学びにチャレンジできたからです。その中で達成感を得られ、挑戦すればできるという自信をつけていましたし、逆に、人に負けたときの心構えも身につきました。

## 学びをかけあわせる

今の僕はQuizKnockでの活動とは別に、「サイエンスコミュニケータ」としても活動しています。一言でいうと、科学の楽しさを多くの人たちに伝える仕事です。国立科学博物館で講義を受け、専門の勉強もしました。

僕は大学院では、トップレベルの研究者たちには敵いませんでした。でも、「わかりやすく物事を紹介する」というスキルでは彼らにも勝る面があると思っています。科学の知識においても、ひどく劣っているとは思いません。だから、その二つをかけあわせてサイエンスコミュニケータという仕事を選んだわけです。

そう、学んだことをかけあわせるのが大事なんですよ。

どの分野でも、一番になるのはとても難しいことです。たとえば僕も、研究でも一番じゃないし、人に物事を伝えるスキルもクイズの力も日本一じゃないと思う。だけど、それらをかけあわせたら、僕にしかできない「サイエンスコミュニケータ・須貝駿貴」になれるということです。

テストのどの科目でも一番じゃないけど総合点では一番、みたいなことってありますよね。それに似ていて、一番にはなれなくても、たくさんの学びを組み合わせれば、自分しかできないことにたどり着くはずなんです。

そのためにはいろいろなことを学ぶのが大事だし、その過程で人に負けても凹む必要はないんですよ。たくさんのことを学んで、いっぱい負けることが自信を身につける秘訣だと思います。

1996年生まれ。早稲田大学先進理工学部卒業。2017年9月から QuizKnock に加入。現在は YouTube への出演のほか、謎解きやクイズの制作・監修を主に担当。『Qさま!!』『ネプリーグ』などのクイズ番組でも活躍中。2022年3月には漢検1級を取得。特技はクイズ・謎解きで、謎解き能力検定では満点を取ったこともある。

# 漢字は最高の遊び道具

道の看板、駅の表示、ペットボトルのラベル……
日常のあちこちに存在する漢字たち。
役立つだけじゃなくて、人生が楽しくなる！
QuizKnock の漢字王が、その魅力を語り尽くす。

Yoshiaki
Yamamoto

# 山本祥彰

02 The Roots of Learning

# 身近なのに知らない魅力がたくさん

漢字の魅力ってなに？　とよく聞かれるんですが、その一つに身近さと意外性のギャップがあると思います。

漢字ってすごく身近じゃないですか。道の看板、駅の表示、ペットボトルのラベル……日本で暮らしていると、街中に漢字があふれていますよね。空気のように当たり前にあるのが漢字です。

でも、身近でも意外な秘密が潜んでいたりするのが漢字の面白い所なんです。たとえば「心」という漢字と「太」という漢字がありますよね。どちらも小学校二年生で習う、誰でも知っている当たり前の漢字です。

じゃあ、この二つの文字をくっつけた「心太」という単語を知っていますか？見たことがないという人も多いと思いますが、実はこれは「ところてん」と読みます。あの、食べ物のところてんには漢字の表記もあるんです。

こんなふうに、身近なのに知らない読み方があったりするのが漢字の面白い所の一つです。

## 漢字は達成感を得やすい

他にも漢字の魅力はありますよ。これは幼かった僕が漢字にハマった理由でもあるんですが、僕にとって漢字は、他の学問や科目よりも、達成感を手に入れやすいものだったんです。

数学や英語で「うん、自分は前よりできるようになったな」と実感するためには相当の勉強が必要ですけど、漢字は、極端な話、一文字覚えるだけなら数秒でＯＫですよね。それだけの時間でもレベルアップを感じられるのは漢字のいいところだと思いますね。

世の中には僕以外にも漢字好きがいて、ＬＩＮＥのグループを作って見つけた面白い漢字を報告し合ったりしているみたいです。でも他の学問、たとえば物理学で

「面白い理論を見つけた！」という人がいても、シェアされた理論の楽しさを味わうのは簡単じゃないですよね。理解するためには長い時間がかかりますから。短時間でカジュアルに楽しめるのは、漢字のいいところじゃないかな。

あと、他の学問との比較という点だと、順番を守らなくても学べるのも漢字の強みです。数学や物理がそうだと思うんですけど、順を追って勉強していかないと難しいことを理解できませんよね。足し算や掛け算を飛ばして線形代数を学ぼうと思っても無理じゃないですか。

でも漢字はそれができるんです。幼稚園児が、大人が知らないような難しい漢字を覚えてもいいんです。実際、小学生の頃の僕はステップを飛ばして義務教育では習わないような難しい漢字を覚えて楽しんでいました。そういうことは他の学問では難しいですよね。

## 漢字は今も増えている

それから、漢字はとても数が多い。現時点でもものすごい数がありますから、いくら覚えても飽きることがないのもいいところです。

現時点、と言ったのは、実は漢字は今も増えているからです。「漢字認定委員会」みたいなのがあるわけじゃないですけど、広く使われるようになって辞書に載るようになれば、「新しい漢字として認められた」と言っていいのではないでしょうか。

最近の例だと、これはまだ漢字として認められたとは言い切れないんですが、「トラック」という漢字が新しく出てきました。車へんに「ト」で「トラック」と読ませることがあるようです。これは自衛隊で使われたらしいです。

他にも、有名なところでは元素を表す漢字は今も増えていますね。リチウムは「鋰」、フッ素は「氟」というふうに元素にはすべて漢字表記があるんですが、新しい元素が見つかるたびに中国ではそれを意味する漢字が作られます。

最近だと2016年に、原子番号113の元素が「ニホニウム」と名付けられてニュースになりましたが、ニホニウムに対しても「鉨」という漢字が作られたことをご存じでしたか？

# カキとオスの関係とは？

斑れい岩という、墓石によく使われる岩があります。多くの場合は「はんれい岩」とか「斑れい岩」などと書かれるんですが、漢字だと「斑糲岩」という表記になります。

でも、この「糲」という漢字、なんかヘンですよね。漢字としておかしいというのじゃなくて、岩を意味する言葉に使われている字なのに、「米」という食べ物を意味する偏《へん》が含まれているのはやや妙です。実はこれは斑れい岩の見た目が玄米に似ていることから米へんの漢字が使われているともいわれているんです。

「糲」の右側、つまり旁《つくり》は読み方を意味する部分で、「れい」と読みます。他には、貝のカキを漢字で書くと「牡蠣」ですが、その二文字目の右側にありますよね。

ここに注目すると、「斑糲岩」に付随して、牡蠣の音読みが「ぼれい」という新しい知識も手に入ります。

ちなみに、「牡蠣」の「牡」の漢字には生物のオスという意味があります。オスの馬のことを「牡馬」ということがありますが、その「牡」です。では、カキとオスにどういう関係があるのかというと、昔はカキはオスだけしかいないと考えられていたという説があるんですね。だからこういう漢字が当てられたわけです。

こんなふうに、漢字に着目すると、ものの名前の由来を推測できたり、知識が広がったりしていくんですよ。身近なのに、調べていくと思いもよらない知識が手に入るのも、漢字の面白いところですね。

## 漢字の知識が役立つとき

こういう漢字の知識は雑学としては面白いけれど役に立たないよね、と思う人もいそうです。でも、僕の考えは違うんです。漢字の知識は面白いだけじゃなくて、とても役に立つんですよ。

というのも、日本社会にはあちこちにたくさんの漢字がありますから、漢字への理解が深いと、その漢字が使われている場面やモノのコンセプトを他の人よりも深く感じ取れると思うんです。

たとえば、少年漫画『鬼滅の刃』（集英社）に「霹靂一閃」という技が出てきます。「霹靂」は難しい漢字ですが、意味を知っていますか？　急な雷のことです。「一閃」はピカッと光ることですよね。ということは、「霹靂一閃」は、まるで急な雷光のような技だというイメージがつきます。

「青天の霹靂」という言葉もあって、こちらは割と知られているかもしれません。「びっくりするような急な出来事」という意味ですよね。この言葉も、「霹靂」の意味を知ると具体的で視覚的なイメージが湧きますから、もっと深く理解できます。その青天、つまり青く晴れ上がった空にいきなり雷が光る、という意味ですよね。そのくらいびっくりさせられる出来事、ということです。

漢字は商品名に使われることも多いですが、漢字が分かるとその商品のコンセプトというか、開発側がどういうふうに受け取られたいかがもっとはっきり分かります。たとえば「颯《そう》」というペットボトルのお茶がありますが、僕、すごく面白い商品名だと思うんですよ。

「颯」という字はあまりメジャーじゃないですが、爽やかな様子を意味する「颯爽」という二字熟語に使われるのを見かけることが多いですよね。このときの「颯」は「さっ」と読みます。実は「颯」を「そう」と読む例はあまり多くありませんが、よく使われる「さっ」ではなく「そう」という読み方を選んだということから、企業の伝えたいイメージが読み取れるんではないかと思います。

この字は、風がさあっと吹く様子や、転じて人やものが素早く動く様子を意味しています。そういう爽やかなイメージの名前の通り、実際、とても華やかな香りに特徴があるお茶です。

こんな感じで、漢字の知識があると得する場面はけっこう多いんです。でも、日本人にとって漢字はあまりに身近だから、ちょっと珍しい漢字を目にしても深く考えないですよね。「霹靂一閃」にしても「颯」にしても、「よくわからない漢字だけど、まあいいや」って、なんとなく素通りする人が多いと思うんです。

だからこそ、知っていると他の人と差がつけられる。「漢字を知っていてよかったなあ」と感じる場面は、一日に何度もありますよ。

# 自分の感情を正確に表現できる

ここまで、外からの情報を解像度高く受け取れるという面で漢字の良さをお伝えしてきましたが、逆に、自分の考えや感情をアウトプットするときにも、漢字はとても役立ってくれます。

漢字を使った難しい熟語はたくさんありますが、どの言葉にも、その言葉でしか表現できないニュアンスがありますよね。「飄々」という二字熟語を辞書で引くと「考えや行動が世間ばなれしていて、つかまえどころのないさま」と書いてあって、もちろんその通りなんですが、でも辞書通りに説明しても、「飄々」という言葉の持つ独特の感じは表現できていないと思います。

さっきの「颯爽」も同じで、「颯爽と現れた」という文を「爽やかに現れた」と言い換えても間違いではないですが、やっぱりニュアンスが微妙に違いますよね。「颯爽」という字だけが持つ独特の颯爽とした感じは、他の言葉では表現できません。

だから漢字を知っていて語彙が豊富だとものごとをもっと正確に考えたり表現したりできるようになるし、自分自身に対しても「今日の僕は鬱々としているな」みたいに、客観的に見ることができるようになるかもしれません。

しかし、こうやって改めて振り返ると、漢字を知っているメリットはたくさんありますね。しかもさっき言ったように、漢字は一文字覚えるだけでレベルアップできますから、そのメリットを感じやすい。とてもお得な趣味です。

## 漢字趣味入門法

今、趣味と言いましたけれど、僕は漢字を勉強したり研究したりしている意識はあまりありません。純粋に楽しんでいるだけです。早稲田大学でも先進理工学部で物理の勉強をしていました。

大学の学部説明会で見た「物理エンジン」（コンピュータ上で物体の動きをシミュレーションできるソフト）に興味をもって、先進理工学部という理系の道に進んだんです。当時のアニメ映画で物理エンジンが駆使されていて、身近なものに物理のエッセンスが詰まっていることに感動したんです。身近なもののおもしろさという点で、漢字と物理には共通点がありますね。

「今年は漢字のこの側面を学ぼう」みたいな計画を立てているわけではないんですが、自分の中でのちょっとした流行りみたいなものはあります。

最近は、常用漢字の意外な読み方を覚えるのが楽しいかな。常用漢字、つまり難易度が低い誰でも知っているような漢字にも、知られていない読み方があったりします。たとえば、「感ける」と書いて「かまける」と読むことを知っている人は少ないですよね。何かに夢中になってしまい、他のことがおろそかになっている様子を指す言葉です。こんな感じで、簡単な漢字のおもしろい読み方を知ると、テンションがあがりますね。

趣味としての漢字は、すごく手軽にはじめられるのが魅力ですね。登山とか楽器を新しくはじめるにはかなりの初期投資が必要ですし、数学や物理学を趣味にしようとしてもなかなかハードルが高そうですが、漢字はとりあえずスマホひとつあればＯＫ。ネットに興味深い情報がたくさんあるからです。

そして、気になる漢字があったら調べてみるのが、漢字趣味の第一歩ですかね。さっきの「霹靂」とか、「なんだか難しい漢字だな」と思ったらとりあえず検索してみてください。たぶん、意外でおもしろい情報があるはずです。

そうそう、漢字は身近なのに意外な情報が潜んでいるギャップが魅力だと言いましたが、身近だという意味では、ご自分の名前の漢字について検索するのもいいですね。自分の名前ってその人にとっては一番身近な漢字ですが、知らない意味や読み方、由来、意外な使い方などが見つかるかもしれませんよ。

それから、世の中には僕以外にも漢字マニアがたくさんいて、ネットに難読漢字とか難しい熟語とかをまとめていたりします。そういうサイトを見て、漢字を覚えてみるのが趣味としての楽しみ方の一つかな。あと最近は、漢字のゲームもいくつかありますから、そういうので遊んでみても面白いかもしれない。

趣味としてもっと深めたいなら、やっぱり漢字について書かれた紙の本を読むのも大事ですね。ただ一つだけ付け加えておくと、字源、つまり漢字の成り立ちについての情報は本としてまとめられているものでもデマが多いので注意してください。これは漢字ファンの世界でもよく問題になるんですが、字源については思い付きでいろいろな説が作られてしまうので、間違った情報が多いんですよ。

そうやって漢字を楽しんで、難しい漢字もいろいろと覚えてきたら、漢字検定を目標にするのもいいかもしれません。

僕は少し前に1級をとりました。いきなり1級に挑戦するのはハードルが高いかもしれませんが、いろんな級がありますから、実力に応じてチャレンジできます。QuizKnockのメンバーでも漢検を持っている人は何人かいますよ。河村(拓哉)さんも準1級を持っていますね。

## 難しい漢字もユニットで覚えれば簡単

最後に、漢字に苦手意識がある人に向けて覚え方のコツを話しておこうかな。

まず、漢字が苦手な人ほど「複雑で難しい漢字ほど覚えにくい」と思いこんでいることが多いんですが、実は逆。一見難しそうな漢字も、多くは「へん」「つくり」「たれ」「かんむり」などいくつかのユニットの集まりですから、ユニット単位で覚えれば簡単なんです。

キクラゲというキノコがありますが、これを「キ」「ク」「ラ」「ゲ」という四つの文字や音として覚えるのは大変ですよね。でもそんな人はいなくて、みんな「木」「クラゲ」という二つのユニットの組み合わせとして簡単に覚えているはず。漢字も同じなんです。

先ほど出した例だと……「牡蠣」という漢字の「蠣」なんかは、ぱっと見難しそうですが、ユニットに着目すればすごく簡単に覚えられます。左側に「虫」があって、右には「がんだれ」の下に「萬」が来るだけです。これくらいなら書かずとも覚えられる気がしませんか？

ユニットとして覚えるためには、それぞれのユニットの意味を考えることも効果的です。先ほどのキクラゲの例だと、木に生える、クラゲみたいなキノコだからキクラゲになるわけですよね。

漢字も同じで、「霹靂」なんてすごく難しそうに見えますが、まず霹靂＝雷は雨に関係していますから、どちらにも「雨かんむり」がつくわけです。そしてその下に、「へき」なら「壁」の一部、「れき」なら、少し形は違いますが、「歴」のようなパーツと、読み方からイメージできるパーツが使われている。そんな感じです。

漢字は、覚えれば覚えるほど、新しい漢字を覚えるのが簡単になっていきます。逆に、シンプルな字の方が意味からの類推がしづらいので、覚えにくかったりしますね。

以上が漢字の覚え方のポイントですが、そもそも、漢字の世界では漢字一文字を覚えるのは簡単なほう。熟語とか、特殊な読み方を覚える方が難しいですね。

身近なのにたくさんのうんちくが潜んでいる漢字って、やっぱり面白い。みなさんも、今日から漢字を趣味にしてみませんか？

# 僕は数学のプレイヤーだった

数学の魅力とは一体何なのか？
「数字が好きすぎて幼稚園で心配された」ほど、
数学を愛してやまない鶴崎が、
魅せられた経緯やその美学について語る。

Hisanori
Tsurusaki

## 鶴崎修功

The Roots of Learning 03

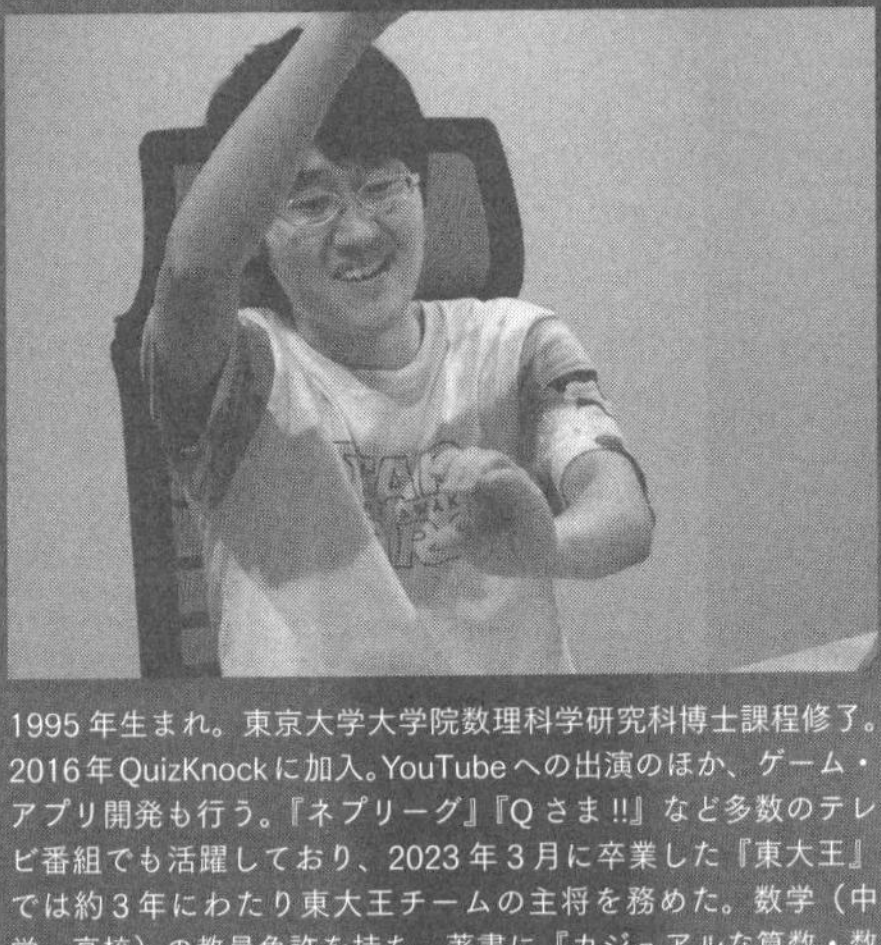

1995年生まれ。東京大学大学院数理科学研究科博士課程修了。2016年QuizKnockに加入。YouTubeへの出演のほか、ゲーム・アプリ開発も行う。『ネプリーグ』『Qさま!!』など多数のテレビ番組でも活躍しており、2023年3月に卒業した『東大王』では約3年にわたり東大王チームの主将を務めた。数学（中学・高校）の教員免許を持ち、著書に『カジュアルな算数・数学の話』『文系でも思わずハマる 数学沼』がある。

僕が博士号をとった分野は「表現論」と呼ばれる数学の一分野の「リー代数の表現論」で、それは簡単に言うと、行列は現在高校ではほとんど習わないことを踏まえ「高校や大学一年生で習う『行列』の先にあるもの」で……と解説することはできるんですが、そんなこと言われても困りますよね（笑）。リー代数を、数学の研究者ではない人に説明するのはかなり大変です。

でも、僕は小さいころから数学に引き寄せられてきたようにも思います。幼稚園のお絵描きの時間のとき、絵を描かずに数字ばかり書いていて、先生たちの間で話題になったこともあると聞きました（笑）。そのころから数字や数学に親しみを感じていたのは間違いないですね。

親の影響？

それが、あまりないんですよ。母親は声楽家、つまり歌手ですから数学とはあまり関係ない仕事ですし、父親は生物学の研究者なので、まあ研究という点では影響があったかもしれませんが、数学とはやや異なる分野です。それに父は数学が苦手でしたね。

母のコンサートに連れて行ってもらったり、父と一緒に自由研究をしたこともあるんですが、正直言って、幼い僕にはあまり響かなかった。父がやっている生物学にもあまり興味が湧かなくて、父の本棚にあった統計や数学の本ばかり読んでいた記憶がありますね。

## 抽象的な数学

もちろん幼稚園に通っていたころから「自分がやりたいのは数学だ」と思っていたわけじゃないですが、難しい表現をすると、僕は小さいころから「記号」を操ることが好きだったんだと思います。

記号というのは、たとえば数字ですよね。記号は、このボールペンとか机みたいに現実に存在するものではなくて、そういうモノや概念を意味する符号のことです。数学の世界なら、数字の「3」とか「＋」が記号です。

「3＋3＝6」という計算は、現実世界のモノをいじっているわけではなくて、記号を操作しているわけですよね。僕は幼いころからその作業が好きだったんです。

まあ言語も記号ですから「記号好き」というだけなら文系に行ってもおかしくなさそうですが、僕はいろいろある記号の中でも、特に抽象度が高いものが好きなんですね。「伊沢拓司」という文字も「8」という数もどちらも記号ですが、後者は現実世界にモノとして存在しないですから、だいぶ抽象度が高い。僕はそういうものに惹かれます。

このように抽象的な記号を操作する学問が数学ですから、学問としての抽象度もとても高い。それはつまり、現実社会とほとんど無縁な営みになってしまうこともできるということです。

社会学は現実の社会を研究の対象にしていますよね。生物学も、細胞とか遺伝子といった目に見えづらいものを研究することも多いですが、最終的には「生物」という、現実に存在するものにたどり着きます。

でも数学は少し違うんです。とくに、数学の中でも「純粋数学」と呼ばれる分野は、現実世界への応用をそこまで考えなくていい、非常に抽象的な分野です。

現実社会への応用を前提にした数学もあります。物理学とか、金融などで使うための数学の研究もあります。最近だと、感染症の広がり方を数学的に予測したりもしていましたよね。それでも他の学問より抽象度が高いと思います。

もちろん、どの学問も程度の差こそあれ、抽象的ではあります。何気なく使っていますが、「抽象」というのは、現実世界のものごとから、特定の要素だけを引き出す作業のことです。

社会学のデータでも、具体的な個人を年齢や性別によって抽象化したりしますよね。僕なら「29歳、鳥取県出身」みたいに。他にも、たとえば工学で自動車を研究する場合でも、「風の影響は考えないものとする」みたいに現実世界の要素を切り捨てたりしますが、これも一種の抽象かな。

その意味では数学だけが特別な学問ではないんですが、数学の場合、その抽象化を、数字というそれ自身もかなり抽象的な記号を使ってやっているのが特徴かもしれません。だから抽象的で、知らない人からするとものすごく難しそうに見える学問になっているんだと思います。

## 「白黒つけられる」のが数学の特徴

もう一つ数学には特徴があって、実はクイズとも無関係ではないんですが、それは「絶対に白黒がつけられる」という点です。正しいか間違っているかのどちらかであって、あいまいなことがほとんどない。

「1＋1＝2」という式はほとんど確実に正解ですよね。でも、たとえば「人は大学院に進学すべきだ」という命題は、正しいこともあればそうではないこともあるはずです。他の学問でも、ある命題にはっきりとした白黒がつくことは、そう多くはないですよね。

実は僕が数学に惹かれる理由の一つはこれなんです。白黒がはっきりしているから。

逆に苦手なのは、白黒がはっきりしないもの。たとえば僕はデザインを評価することが苦手なんですが、それは「いい／悪い」と白黒はっきりさせることが難しくて、「まあまあ」とか「素朴だけど愛らしいところもある」とか、ややこしいからなんですね。

今の僕はＱｕｉｚＫｎｏｃｋでＹｏｕＴｕｂｅに出演しつつ、運営会社でプログラマーをやっているんですが、プログラムの評価は「動く／動かない」と明確だから、自分には向いています。

そしてクイズも同じですよね。「正解／不正解」があるだけで、その中間は基本的にない。その意味でも僕向きかな。

## 数学はすべて「公理」からはじまる

このように、数学が白黒はっきりさせられるのは、「公理」に基づく学問だからです。

公理というのは、簡単に言うと、誰もが認める前提みたいな感じです。たとえば「ＡとＢの二つの点があれば、両者を結ぶ直線を引くことができる」とか。少なくとも僕らが生きているこの世界では、直線を引けない二つの点、というものを考えることは不可能ですよね。公理は絶対に正しいと認められるので、その証明は不要です。

数学の世界には膨大な、さまざまな理論がありますが、そのすべてに共通しているのがごく少数の公理に基づいている点です。さっき例に挙げたような公理から出発して、厳密に定義された記号を使いつつ、いろいろな「定理」を作ってきたのが数学です。

定理とは「正しさが証明された命題」のことですが、なぜ定理が正しいとわかるのかと言うと、絶対に正しい公理と照らし合わせたから。少数の公理から出発しているから、正しいかどうかの判定がはっきりできるのが数学なんです。あと、公理から定理に行きつく手順では明確に定義された記号が使われますから、その道筋をたどりやすいんですね。途中で迷子になることがない。だから、公理と比べて正しいかどうかをはっきりさせることができます。

数学って、一見、ものすごく複雑に見える定理や理論でも、数少ない公理に基づいている点は変わらないんですね。

結果的に数学を専門にしたとはいえ、学校の勉強ではまあまあオールラウンダーでした。大学でも、学部レベルなら、どの分野を専攻しても卒業はできたと思います。

ただ、国語の現代文はあまり得意ではなかったですね。特に記述問題。答えが「正解／不正解」みたいに白黒をつけにくいから。その意味では正解／不正解がはっきりしている漢字の書き取りなんかは得意でしたから、僕の思考パターンはやっぱり「白黒型」みたいです。

もちろん、記述式の問題でも「ココを押さえていれば正解」みたいなポイントがあることは分かるんです。でも、そのポイントの表現の仕方がたくさんありますよね。表現が無数にある中で、できるだけ正解に近いものを選ぶ……みたいなことが苦手なんですよ。やっぱり明確に「１００％正解！」と言える答えが欲しいんですよね。

# プレイヤーが作る数学

現代文が苦手な僕ですから、あまり本は読まないんです。すでにある物語を見せられるのが、あまり面白くないというか。飽きちゃうんですね。その意味では映画や漫画も得意じゃないです。

ゲームでも、物語性が強いＲＰＧはそれほど好きではないんですが、「やりこみ系」というんですかね、アクションゲームとかパズル系のゲームは好きです。やっていくうちに自分のレベルが上がるのが楽しいし、物語をただ見せられるのとは違って、プレイヤーである自分が介入できるじゃないですか。それがいいんです。

実はそこも数学と似ています。

他の多くの学問は、基本的に自然や人間社会の中に「すでにあるもの」を見つけるのがメインになっていると思うんですよ。こんな生物がいましたとか、惑星の運動の法則はこんな感じでしたとか。

でも数学は……なんて言うんだろう、自分がプレイヤーになって記号や定理といった道具を使い、作り出している感じがする。そこが好きなんです。

いや、もちろん、数学が完全に人工のものだとは言いません。あきらかに自然現象の面もあります。1、2、3みたいな数字は、たぶん自然に由来していますよね。拾ったドングリの数とか、獲物の数とか。さっきの説明だと、公理は自然から与えられたもの、と言ってもいいかもしれない。

でも、その公理だけで終わらないで、記号の操作をずっと続けることで複雑な定理を生み出しているのが数学ですよね。それは、人間による創作に近い面があると思う。

物理学で計算によってロケットの挙動を予測する理論を作ったとします。でも、物理学では実験がありますから、実際にロケットを飛ばして、その理論では説明できない動きをしたらどうなるか。現実の動き、つまり自然の方が正しくて、理論が間違っていたことになります。実験という形で現実と接触できるからです。

でも数学には実験が基本的にないので、公理に照らして矛盾がなければ、その理論は正しいことになります。その意味では現実とは接点がなくて、人工的です。数学者というプレイヤーが作るものなんです。

「作る」というとピンと来ないかもしれませんが、たとえば「素数」という数がありますよね。素数とは、「1と自分自身以外では割り切れない自然数」のことです。小さい順に2、3、5、7……と、無限に存在します。

もしどこかに宇宙人の数学者がいたら、人間と同じように素数を発見している気がしますよね。「1+1が2じゃない宇宙」をなかなか考えにくいように、数学はとても普遍性が高いからです。

でもその一方で、素数も数学も人間の脳が作り出した面があります。だから、まったく違う思考法を持つ宇宙人だったら、素数という概念を持っていないかもしれない。数学には、宇宙に「もともと存在した」面と、人間の脳が作り出した面との両面があります。

# 純粋な楽しみとしての数学

僕がプレイヤーとして向き合ってきた数学とは、こういう学問です。過去形なのは博士号をとった今はもう研究から離れているから。

僕は子どものころから数学の研究の道に進もうと思っていました。東大に入るときも院に進むときも、周囲が自分よりはるかに数学ができる人ばかりになったら数学はやめようと思っていたんですが、幸い、そうはならなかった。だから博士号をとるまで数学と関わることができたんですが、じゃあ研究者として数学で食っていく道を選ぶかというと、そうしたいとは思えなかったんです。

別に数学が嫌いになったわけじゃなくて、プロの数学者として身を立てられるほど時間や労力を数学につぎ込める気がしなかったんですね。ＱｕｉｚＫｎｏｃｋでの活動もはじまっていましたし、数学以外にもやりたいことが出てきたから。だから、数学の研究はやめました。

そんな難しい数学が何の役に立つんだ、と言われると、答えるのはちょっと難しいですね。僕の分野は物理学への応用が盛んですから、その意味ではまだ「実用的」なほうですが、それでもすぐに社会に役立つわけじゃありません。

公理と記号で水も漏らさない緻密な体系を作り上げている数学ですが、世の中には数学では扱えない問題がたくさんあることも理解しています。人間や社会はすごく複雑であいまいさをはらんでいますから、数学で白黒つけてやろう、というわけにはいかない。

でも、それでいいんです。僕にとっての数学は、なによりも一番楽しいものでした。実用や応用を考えない楽しさがあっても、いいですよね。

QuizKnock
The Roots of Learning

特別対談
前編

# 大きい本屋も鉄緑会もないけれど、地元にいたから頑張れた

それぞれの故郷から東京大学を目指した二人は、
入学試験までの日々をどう過ごしていたのか。
ともに地方出身で東大に現役合格した乾とノブが、
これから受験に向き合う後輩たちに伝えたいこと。

取材・構成：野口みな子

Inui 乾 × Nobu ノブ

**乾**

1999年群馬県出身。東京大学経済学部経営学科卒業。上京して電車の本数にビビる。初めての一人暮らしでは、食器用とトイレ用の洗剤の違いもわかっていなかった。

**ノブ**

1999年愛知県出身。東京大学大学院総合文化研究科修士課程修了。子どものころの遊びといえば、缶蹴り。缶蹴りは正義。受験期の心の友はカップヌードルの「チリトマト」。※2024年3月をもってQuizKnockを卒業。

## 中学ではトップ、でも高校最初のテスト結果が……

――今回は地方高校からの東大受験について聞いていきたいんですが、乾さんは群馬県出身ですよね？

**乾**　僕は高崎高校っていう高校出身で、群馬県内の男子校では前橋高校と高崎高校がツートップみたいな構図なんですよね。僕がいた当時は1学年で320人くらいで、東大は毎年3〜5人くらい現役で受かるかなぁみたいな感じの高校でした。

――ノブさんは愛知県出身ですが、母校はどんな高校でした？

**ノブ**　僕の母校は岡崎高校です。愛知は地域が尾張と三河に大きく分かれていて、三河地区の公立校のなかではトップ校かな？　東大合格者は現役と浪人を合わせて毎年だいたい20〜30人くらいいると思います。

――東大の合格者多いですね。

**ノブ**　あとこれは「進学校あるある」だと思うんですけど、文武両道をうたってたり、学校行事とかにも結構力を入れてたりしましたね。僕はハンドボール部で、高3の5月くらいまでは平日と、土日のどっちかは練習をやってました。

――結構がっつり部活をやってたんですね。乾さんは？

**乾**　僕は文化部ですけど和太鼓部っていうのに入ってて、まぁ和太鼓を叩いていました。

**――2人は高校に進学するにあたって、大学受験はイメージしてましたか？**

**ノブ**　僕は全く。

**乾**　僕も考えてなかったかなぁ。

**ノブ**　でもとりあえず、小さい頃から「岡崎高校には行くんだろうなぁ」と思っていて。

――えっ。

**乾**　それって田舎あるあるじゃない？

**ノブ**　そうかも。小学校高学年くらいには成績がいいとなぜか「岡崎高校行くんだろうな」っていう雰囲気が周りにできてるんですよ。だから自分の意識というか周囲の影響なのかわかんないですけど。

**――進学校が限られているということもあって、早いうちにルートが確定する雰囲気っていうのはあるかもしれませんね。**

**ノブ**　たぶんそうだと思います。

**――それぞれ地元の進学校に入学したとき、中学校とのギャップは感じましたか？**

**乾**　僕は中学が超田舎で。でも田舎では人数は多い方ではあると思うけど、1学年100人くらい。そういうのもあって、中学校のなかではいつも1位とか、3位以内は当たり前みたいな。だから、1学年が320人いる高校のレベルって想像がついてなかったんですよね。高校では入学式の後に試験があったんですけど。

**――入学式の後!?**

**ノブ**　僕も入学前に出された課題の確認テストはあったけど、そういうのではなく?

**乾**　いや、ガチの実力テストみたいなのがあったんだよね。それを受けたら320人中110位くらい。中学校のとき、学年100人くらいしかいなかったから、「100」っていう3桁の数字がもう衝撃で。

**ノブ**　桁が違う！（笑）

**乾**　単純に中学校のときの100位っていうと、ほぼ最下位のことだから。だから「えっ？」みたいなのはありましたね。世界の広さをそこで知ったというか。

**――そこから高校生活が始まって東大っていうのがすごいですね。ノブさんは入学早々のテストはどうだったんですか？**

**ノブ**　僕の場合、春休みの課題の確認テストだったんですが、英語の課題図書を読み終えずに行っちゃったんですよね。だから400人中150位くらいで。まぁ全部やりきれていなかったので正直「妥当な順位だなぁ」っていう感覚でしたね。

**――すんなり受け止めてますね。**

**ノブ**　中学校の校内では1位をそこそこ取れていたし、市内共通のテストで全体の順位もなんとなくわかっていたから、ギャップというのはそこまでなかったですかね。むしろ「自分の実力はこんなもんだろうな」と思っていたところとだいたい一致していて、「ちゃんと150位取れる実力はあるんだなぁ」みたいな気持ちはあった。

**乾**　確かにね、下に200人以上いるってことだもんな。

**どうせ1回しか受けられないなら、東大受けてみたくない？**

——それぞれ3桁台の順位から高校生活がスタートしたわけなんですけど、東大受験を意識し始めたのはそれぞれいつ頃なんですかね？

**乾**　まぁ僕は……ちょっと複雑で、高1とも、高3とも言えるしみたいな。

**ノブ**　いやわかる、僕も気づいたらみたいな感じだったもん。

**乾**　僕の場合はやっぱり最初のテストが110位台だったのが衝撃で、「さすがにもうちょっと頑張るか」とは思ったんですよ。

——そこから勉強していくとき、どんなことがポイントだったんでしょう？

**乾**　う～ん、そのとき大きかったのが数学が得意だったことですかね。僕は文系なんですけど、高校数学って中学からレベルがぐっと上がるというか、それで数学が苦手になる人も多いじゃないですか。周りの点数が伸び悩んでるなかでも、結構頑張ったら夏休み明けくらいには校内で30位くらいになってて。

**ノブ** 高1の？

**乾** 高1の。それくらいの順位になると、学校の先生と二者面談が設定されて「東大行かへん？」みたいなことを言われるっていうイベントがあって。

**ノブ** へぇ〜。

**乾** 憧れとして「東大いいな」って思ってはいたんですけど、なんか「先生に言われて行くのもな」みたいな（笑）。あまのじゃくなんで。

**ノブ** 逆張り精神。

**乾** そうそう、逆張り精神がちょっと出ちゃって。「東大を勧めるのは高校の進学実績のためなんじゃないの？」って斜に構えていたというか。だから最初は「第一志望は一橋大学」って言ってたんですよ。

**――それはどうして？**

**乾** 一橋って数学の配点が高いから、「数学得意だから俺向きやん」みたいに思ったのもあって。だけど、一番レベルが高いのは東大だよねっていうのはもちろん思っているから、憧れも捨てきれず、ずるずると（笑）。踏ん切りもつかずに高

3までいっちゃった感じですかね。

**ノブ**　心の中では東大をどう思ってたの？

**乾**　う〜ん、でも「東大は無理じゃね？」って思っていたのも、結構大きくて。「え、俺が？」みたいな。東大といえば、テレビで見る伊沢（拓司）さんだし、ＱｕｉｚＫｎｏｃｋも見てたし。

——当時は伊沢さんについてどう思っていたんですか？

**乾**　「頭脳王」とか「東大王」とか見てて、やっぱり「頭いい人はかっこいい」っていうのは思っていたから。

**ノブ**　僕もそうだったけど、たぶん「頭いい＝かっこいい」って子どもの習性としてあるよね（笑）。

**乾**　だから「すげぇな、かっこいいな」っていう憧れとかポジティブな気持ちもありつつ、「いや、この人と同じ大学に自分が行くなんて無理でしょ」っていうネガティブな気持ちもあって。

——自分で壁を作っていた部分も？

**乾**　ありますね。

——そこから乾さん自身が東大に行きたいと思えるようになったタイミングはいつだったのでしょうか？

**乾**　高校3年生の夏に、予備校がやってる大学ごとの模擬テストがあるんですよ。ここで東大模試を受けなかったら、「もう東大は受験しません」って言ってるようなもんなんですよね。進路について先生とは微妙な関係が続いてたんですけど、職員室に「マジで一橋に行きたいっす」って言いに行ったら、「1個くらい東大模試受けとけ」って言われて。

**――先生の押しに負けて受けてみたんですね。**

**乾**　そしたらB判定だったんですよ。「あれ、行けるんじゃね？」って。「無理でしょ」っていう気持ちがあったから、「行けるんだったらそりゃ行きたいですけど」みたいな……（笑）。大学入っても勉強したいことが具体的にあったわけでもないし、「大学に入る」っていうのが目標になってて。それは良くない面もあるとは思うけど、だからこそ一番レベルが高い大学といわれている東大がいいかなと思ったっていう感じです。

**――ノブさんの東大を目指すきっかけは何だったんですか？**

**ノブ**　時系列的に言うと、進路希望調査に「東大」って書いたのは高1の夏とかで。そう書いた方が、先生からセミナーとかの情報が集まりやすくなるかなと思って。

**――策士ですね。**

**ノブ**　高2の冬くらいに周囲で受験勉強の機運が高まっていて、じゃあどこ目指すってなったら「まぁとりあえず東大かな」って何となく思っていて。そのまま

「東大行きたい」って言っていたら、気づいたらもう変えられないみたいな状況で（笑）。でも正直、高3の夏の模試はE判定とかで全然良くなかったんですよ。

**――それでもなぜ東大を目指したんですか？**

**ノブ**　理由はいくつかあって、まず親から「浪人せずに1回で行けるとこに行きなさい」って言われてたんで、「1回しか受けれないなら東大受けてみたくない？」みたいな（笑）。

――かっけぇ……。

**ノブ**　あとは文理選択のときにものすごく迷ったという背景もあって、進振り[※1]がある東大が魅力的だったというのもありますね。あと僕は理系だったんですけど国語が得意だったので、国語の配点が高い方が成功確率が高いと思って東大を選んだのはありました。

※1　進振り：進学選択のこと。東大に入学し、2年間教養学部に所属して幅広い学問を学ぶ中で、3年生から進学する学部学科を選ぶ。

## 地元には参考書を買える本屋がない

**――2人はそれぞれ群馬県と愛知県の出身ですが、地方出身であることが東大受験にネガティブに働くことはありましたか？**

**ノブ**　僕の場合は東大合格者が結構いる高校だったので、東大に受かるための情報とかは足りていたから、あまり感じなかったですね。でも当時はあまり意識してなかったけど、大学入ってから感じたことは結構あって。たとえば、愛知には当時、中高一貫校ってあんまりなかったんですけど、都市部の中高一貫校出身の人とかと話すと余裕が違うというか。「高2までに全範囲終えてたよ」みたいな。「は？」ですよね（笑）。

**――授業の進度が全然違う……。**

**ノブ**　東大模試でも成績優秀者の上位は東京周辺の人がめちゃくちゃ多いですし。あと、つい最近なんですけど、知り合い経由で高校生から「東大を目指してるから、所属してるコースでどんな研究ができるか教えてほしい」みたいな感じで相談を受けたんですよね。それに結構びっくりして、そうやって情報を得る方法があるんだっていうことを知った。

**乾**　まず会いに行くっていう発想がないもんね。

**ノブ**　そうそう、高校に東大受かった卒業生が来てセミナーをするっていうのはあったけど、東大生の多くは東京にいるしね。

**――乾さんは受験で、地方在住であることで困ったことはありましたか？**

**乾**　そうですね、僕は地元に本屋が全然ないってところが。

**ノブ**　本屋が全然ない地域だったんだ……。

**乾**　僕は群馬のなかでも田舎の方だったから、マジで。ゲオとかはあっても、学習参考書を売ってる本屋が自転車で行ける範囲になくて。だから絶妙に駅から遠い高崎のイオンに行ったり、親に車で前橋に連れて行ってもらったりとかしてたんだけど。東京にいたら絶対にさぁ〜、学校帰りに「ちょっと新宿の紀伊國屋に行ってこよ」みたいなのができるじゃん。

**ノブ**　確かにデカい本屋にすぐ行けるっていうのはあるよな。

**——ちなみに参考書をネットで買うっていう選択肢は？**

**乾**　ネットの口コミを信用してなかったというのもあるけど、僕は本屋が好きっていうか、本屋に行って学習参考書を見るのが好きだったんですよ。

**ノブ**　あ〜わかるわかる。めちゃくちゃわかる。

**乾**　「この単語はあっちの参考書には載ってなかったけど、こっちの参考書だと載ってるな」とかを比較しながら買いたいし、「この参考書に載ってないってことは、これは実は重要ではないのでは？」みたいな情報収集の仕方をしてて。そういうのが気軽にできないのはすごく不便でしたね。

**ノブ**　参考書で言うと僕、高校のときに知り合いのつてで鉄緑会[※2]の問題集をもらって。まず地方だとそういう塾があることをそもそも知らなくてさ、問題集の質も全然違うの。数学の解法とかも別解7とかまであって。問題を分析して、同じような問題に出合ったときにどう考えるかとかまで書いてあるんだよね。

※2　鉄緑会：東京都に本部がある東大受験の専門塾。中高一貫校の生徒を対象とし、毎年多くの東大合格者を輩出する。

**乾**　それはいいね。僕の塾の先生が問題集の解答を分析する人で、「この問題集の解答は0点です。どこがいけないですか？」みたいな問題出してた。その先生の説明を聞いてみると、「確かにこの解答は不十分だなぁ」と思うんですよね。そういう風に参考書を見てると、解答の良し悪しみたいなのがわかるようになってくるんです。そういう意味では鉄緑会の問題集ってすごくいいものだし、実際自分で手に取ってみないとわかんないんだよね。

**ノブ**　めちゃくちゃ回し者みたいになっちゃった。

**乾**　（笑）。

## この人たちも、自分と同じ高校生なんだ

**――受験勉強するにあたって、東京の進学校だと「校内で○位に入れば受かる」みたいなのがわかりやすいと思うんですよね。そういう目標とか基準ってどんな風に考えてました？**

**ノブ**　やっぱり僕の高校は東大合格者がそこそこいるっていうので、全く基準がないという感じはしてなかったですね。身近に「絶対東大理三[※3]行くやろ」っていう超天才と、「両手骨折しない限り絶対合格するやろ」っていう人が5〜6人いたんですです。それで、その下に「合格するかわかんないな」くらいの層が30人くらい。僕はたぶん、その30人くらいの層だったんで。自分の合格に自信は持てないけど、そのトップの人たちと仲良かったおかげで、そこに食らいついて「こいつらには負けない」みたいな気持ちを持ち続けられたかもしれないです。

※3　理三：理科三類のこと。最難関の科類とされる。医学部医学科に進む学生が多い。

**乾**　いいなぁ。僕の高校だと、同じ学年の文系では僕しか受からなくて。結果だけ見ればですけど、周りにそういう指標になるような人はいなかったんですよね。

**――そういう環境でどんなことを意識してましたか？**

**乾**　メンタル面だけなんですすけど、僕は模試を全部東京に行って受けるっていうのをやってました。

**ノブ**　へぇ～。

**――それはどうして？**

**乾**　地方から東京に模試を受けに行く人って多いわけじゃないから、当然東京の人たちばっかなんですよね。そうすると、聞いたことあるような高校名が聞こえてくるんです、それこそ開成とか。当時の僕からすると、開成といえば伊沢さんだから「あっ、すごい人たちだ」みたいな。

**ノブ**　地方の高校生からすればそういうイメージだよね。

**乾**　伊沢さんっていう個人名だけじゃなくても、単純に「毎年100人東大に受かります」とかもう意味がわかんないわけですよ。だから「めっちゃ怖い人たち」みたいなイメージはあるんだけど、普通に休み時間には他愛のない話とか、「さっきの第3問わかった？」「むずくね？」みたいなことを話してて。そういうのが聞こえてくると「わかんない問題あるんだなぁ」みたいな。まぁそりゃあるんだけど、改めて目の前でそれが起こっていると、自分と同じ高校生なんだなぁみたいに思えたというか。やっぱり僕は東京の人たちに対して、いろいろな感情を抱いていたんですよね。いいなぁみたいな羨望の感情もあるし、嫉妬みたいなものも。「なんで俺はこんな田舎に生まれたんだろうなぁ」みたいなことも、思ったことがないわけではないから。

**――そう思うと東京に少しだけでも慣れて、ニュートラルな気持ちで受験に挑めるようになるって大事ですね。**

**ノブ**　東京で模試受けたあと何してたの？

**乾**　ちょっと遊んで帰るみたいなことやってたけど、あんまり覚えてないんだよね。1人で東京とか来たことないから、どこ行ったらいいかもわかんないし。

**ノブ**　東京に1人で来ても実はあんまり楽しくないこと知らない人だ（笑）。

**乾**　だからほんとに、1人で山手線に乗って「わぁ知ってる駅～」みたいな。

**ノブ**　電車も「車両なげぇ～！」みたいなね（笑）。

**乾**　ちなみに僕がね、高校の通学で乗ってた車両、2両編成（笑）。

**ノブ**　2両！（笑）いやでも最初ビビるよな～、何両あんねんって。

**乾**　東京5年目の今では、「駅の○○出口から出るには何両目に乗るのが最適」とかまでマスターしてるけどね。

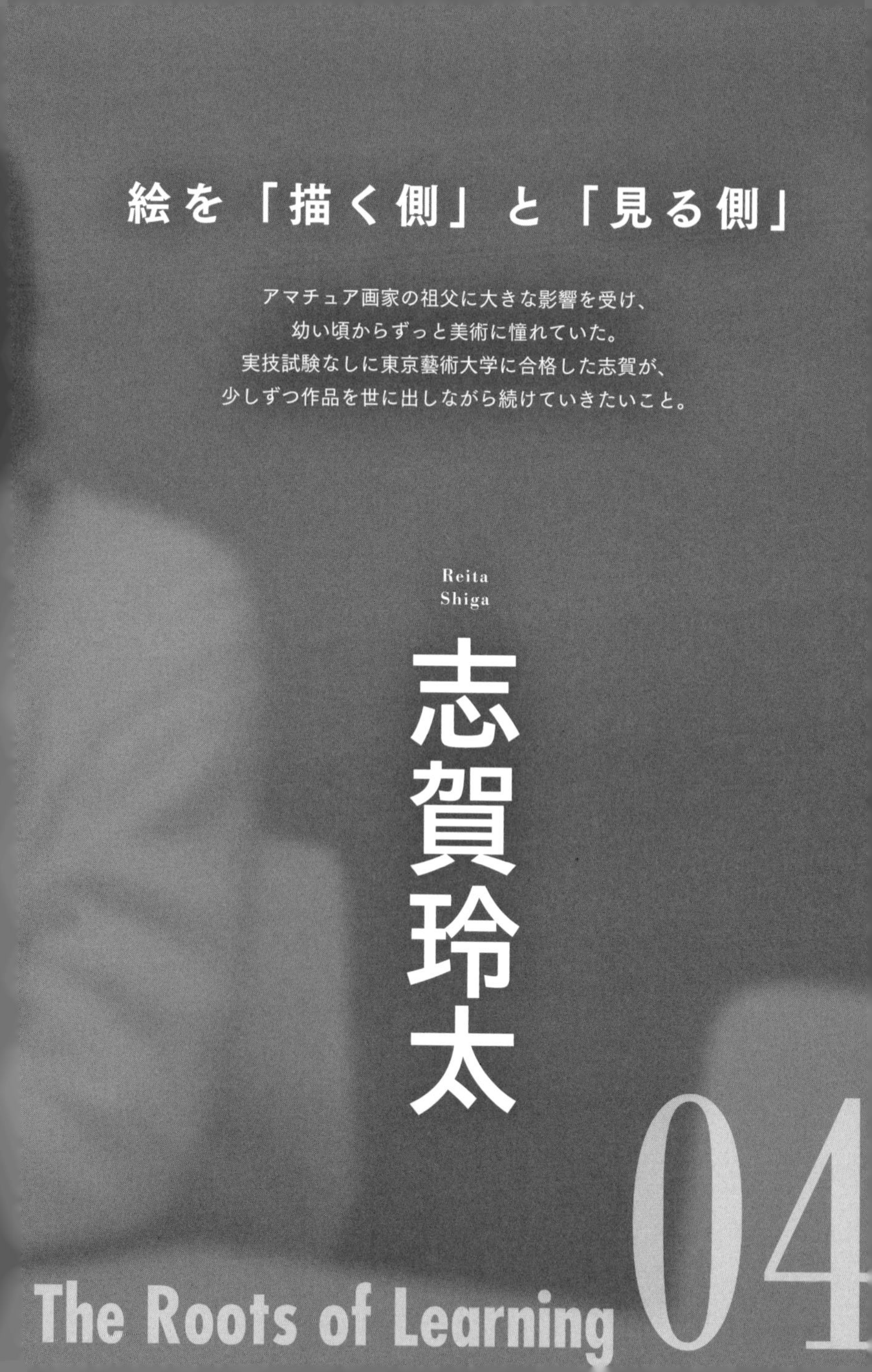

# 絵を「描く側」と「見る側」

アマチュア画家の祖父に大きな影響を受け、
幼い頃からずっと美術に憧れていた。
実技試験なしに東京藝術大学に合格した志賀が、
少しずつ作品を世に出しながら続けていきたいこと。

Reita
Shiga

# 志賀玲太

The Roots of Learning 04

1996年生まれ。東京藝術大学美術学部芸術学科卒業。2017年QuizKnockに加入。現在は主に同YouTubeチャンネルのディレクターを務める。趣味は美術館巡り、詩歌。展覧会のレビュアーや歌人としての執筆活動も行っている。

## 絵を描く大人になりたい

私の原点はたぶん、祖父なんです。

彼はアマチュアの画家でした。絵で生活していたわけではないのですが、退職後に地元の小さな美術団体に入って、その団体がやる展覧会に描いた絵を出すなどしていました。

絵の世界だと、展覧会の前夜に「ベルニサージュ」という、ちょっとしたパーティみたいなことをやるんですね。絵を出す作家たちが集まって飲み食いをするんですが、祖父は幼い僕をそこに連れて行ってくれました。

よく覚えているんですが、一度、ベルニサージュで小学校の図工の先生に出くわしたことがあるんです。学校では「変な先生だなあ」と思っていたんですが、ベルニサージュでは、つまり画家としての先生はとても格好良く見えたんですね。

そういう経験が後に、私を美術の道に進ませた気がします。「絵を描くというのは素敵なことなんだ」という意識が、幼いころから私にはあったんですね。だから私は、絵を描く大人になりたかった。

こうして後に私は東京藝術大学（藝大）に進むのですが、入ったのは「芸術学科」でした。芸術学科は絵を描いたり彫刻を作ったりする実技の講義もありますが、メインは美学や美術史を勉強して、美術について語れる人を育成するための場所です。卒業後は学芸員や研究者になるような人が多かったですね。

つまり、そこは「絵を描く人」を育てる場所ではなかったんです。

## 「作る側」から「見る側」へ

もちろん私も、最初は、絵画科やデザイン科といった「作る側」を育てる場所に行きたいと思っていました。でも、家の事情もあり、美術予備校や画塾にあまり通えなかったんですね。

藝大はじめ芸術・美術系大学では、大半の学部で実技試験が課せられるんですが、その難易度は非常に高いんですよね。藝大の花形である絵画科油画専攻だと、倍率は20〜30倍もあり、なんども浪人するのが当たり前の世界です。だからほとんどの受験生は何年も予備校に通い、実技の腕を上げてから試験にのぞむのですが、私はそれができなかった。

今思うと、いくら藝大とはいえ、幼いころから筆を持って絵を描いてきた、みたいな人はそう多くはありませんでした。多くの人は美術予備校に通う期間は長くてもせいぜい3、4年くらいだと思いますから、そこまで大きな差ではない。私が18歳の時点で予備校に行けていなくても、たとえば社会人になってから予備校に通って入りなおすとか、絵を勉強するにもいろいろなルートがあったはずです。

でも十代だった私には、その3、4年は本当に致命的で、取り戻しようがない時間だったように感じてしまったんですね。「僕は出遅れてしまった」と。だから、これなら今の自分にもできるかもしれないと実技試験なしでも受けられる芸術学科を選びました。

## 芸術は「文脈」の上に成り立つ

　言ったように芸術学科は学芸員や研究者、批評家を輩出する場所ですから、美術の理論や歴史を叩きこまれます。美術史、芸術に関する資料を読み解く講義、そういう資料を原語で読むための外国語の講義などです。

　実技もあります。ただ、それは芸術家になるためというよりは、作家がどういうことをしているのかを理解して批評や分析に役立てるためですね。油絵、日本画、彫刻、写真、版画……いろいろな分野での制作を経験しました。

　正直言うと、藝大に入ったあとも、「作る側」への心残りはありました。卒業前には改めて画塾に通ってみたり、絵を描くときにキャンバスを固定する、大きなアトリエ用の「イーゼル」を買ってまで絵の練習をしてみたりもしました。

　でもその一方で、芸術について学んだことで、「作る側」ではなくて「見る側」の面白さもわかってきました。絵画に限らず、どんな芸術も過去の作品や文化といった「文脈」の中に位置するのであって、その知識があるのとないのとでは、作品の見え方がまったく違うんです。

現代美術はとくに難解だと思われることが多いですが、むしろ昔の芸術よりも理解はしやすいんです。作品を作った人間も現代人ですから、作品を見る我々と同じ時代を生きている。だからその作品の問題意識やテーマは、ちゃんと見ればよくわかると思っています。

逆に、誰でも知っているような過去の名画のほうが理解が難しかったりします。作者が生きた時代背景が今とは全然違うからですね。作品に込められた意義や意味を理解するのは、実はとても難しい。芸術を学ぶとそういうこともわかるようになります。

とはいえ、たとえば現代美術家の村上隆さんが、アニメ調のポップな作品を作ったりしていますよね。彼は単に「アニメっぽくしたらウケるかも」と思い付きでやっているのではなく、現代美術の変遷の知識とか、アニメや漫画といったサブカルチャーの経験を背景に作品を作っているわけですから、それを褒めるにせよ批判するにせよ、現代の作品でも見る側にも知識が必要になってしまうんです。

「芸術は知識じゃなく感性で楽しむものだ」という人もいるでしょう。たしかに、作品に感動している瞬間にはいろいろな知識は頭から消えているかもしれません。でも、もしそうだとしても、作品の背景に様々な文脈がある事実は変わりません。ならば、見ている人の感動そのものも、そこからは逃れられないはずで、これまでに積み重ねられてきた多くのものがなければ感動も存在しなかったかもしれないと、そう考えます。

## 知識が芸術を助けるとき

知識が、芸術を楽しむことを助けてくれることは、実はとても多いんです。

たとえば、これは極端な話ですが、無料で楽しめる美術館がたくさんあることを知れば、いい絵に出会える機会は増えますよね。

あるいは、漠然と「いい絵だな」と思っている作品があったとして、その絵が描かれた背景や作者の人となりを知ると、感動がより鮮明になったり、これまで見えなかった絵の魅力が見えたりすることってありませんか？　芸術についての知識はそういう使い方をしてほしいんです。たんにウンチクとして覚えるだけじゃ、つまらない。

私が考える芸術での知識と感性の幸せな関係は、たとえばこんな感じです。

クリスチャン・ラッセンという米国の画家がいます。キラキラとした鮮やかなタッチで海やイルカを描いて、バブル期の日本で人気を集めました。

ラッセンの絵は、はっきり言って美術の世界ではあまり評価されていません。「通俗的」ということで、ちょっと下に見られがちです。商業主義と結びついて、少し強引な売られ方をしたことも評価されない理由ですね。

私はラッセンを鑑賞して楽しんでもまったく問題ないと思うんです。でも、そのときに知識なしで、ぼんやりと「なんとなくいいものだ」と眺めるだけではもったいないと思います。なぜなら、知識があればラッセンをそれまでの美術の文脈の上に位置づけてどんな画家なのか考えることができるし、文脈上に位置づけられれば、ラッセンよりも好きな画家が見つかる可能性が高いと思うから。

具体的に言うと、たとえばラッセンの光の使い方が大好きだ、という人がいたとします。でも、ああいうきらびやかな光の使い方は別にラッセンが発明したものではなくて、先行した人たちがいる。ラッセンはその文脈の上にいるわけですね。そうやって文脈をたどることができれば、ラッセン以外の画家も楽しむことができます。

逆に、そういうことをまったく知らず、「ラッセンこそが最高の画家だ！」と信じている人がいるとしたら、もったいないと感じてしまいますね。

もちろん色々な絵を見て、知識を吸収した上でラッセンが世界一だと判断するならいいと思うのですが、そうじゃなくて、商業主義的に与えられるものを受け身で消費するだけのスタイルだと、他にたくさんある素晴らしい作品を見落としてしまいますよね。その意味でもったいないんです。

## 壊す人と受け取る人

もちろん、知識に偏って頭でっかちになってしまったら芸術を楽しめないですし、なによりも、作る側は文脈を乗り越えようとするからこそ、偉大な作品が生まれるわけですよね。

「既存の枠組みの中で地味な作品を作っていこう」なんて思っている芸術家はまずいないでしょう。誰もが「自分なら既存の文脈をぶっ壊せるはず」と信じて、つまり世界に一つだけの作品を作ろうとしているはずです。それが創作の動機ではないでしょうか。

私も「作る側」に行きたかった人間ですから、その衝動はよくわかる。でも他方で、誰の、どんな作品も決して文脈から逃れられないことも知っています。作家本人がどう思っていようと、作品は文脈の上にあるんです。だから文脈は重要だし、今の私は「見る側」の人間として文脈の解釈を続けているんです。

いや、もちろん、本当に偉大な作品は何らかの意味で文脈を超えてくるし、私のどこかにはそれを期待する気持ちが潜んでいます。だけど、私は文脈について語り続けたい。理性的に知識に基づいて語ることをやめたら、芸術と関わることはできないとさえ思っています。

私の中では今も「作る側」と「見る側」が戦っているのかもしれません。

# 知識と感動の関係

今の私は「見る側」ですし、ＱｕｉｚＫｎｏｃｋで期待される役割もアートの解説や紹介であることは理解しています。だから、私がＱｕｉｚＫｎｏｃｋのファンに提供できるものはどうしても知識になります。

でも、同時に心がけているのは知識だけに偏らないこと。さっき言ったことと少し矛盾するようですが、芸術はやっぱり感性で「も」楽しむものです。

芸術と向かい合ったときに、まず「これは○○年代の作品で、ジャンルは××で……」と考えてばかりいては、それを感性で楽しむのは難しいですよね。

それに、ある名画があったとして、作られた時代背景と描いた人間の一生と画材と絵具と……といくら知識を詰め込んでも、その絵を見たことにはならない。やっぱり直接見て、経験しないと意味がありません。それが芸術です。いくら文脈が大事だからといっても、実際に作品を見て経験した感動がなければ面白くもなんともない。

それでも私が文脈にこだわるのは、文脈を知っていることが感動を大きくしてくれると信じているからです。知識と経験、あるいは感動の間には密接な関係があるんですよ。

## 知識が足かせになるとき

ただし、芸術にとっての知識には危険な面もあります。ときには、知識が感動を妨げてしまうこともある。

自分で絵を描いたり写真を撮ったりしようと思ったとき。何度も言うように知識は必要なんですが、逆にものを知っていることや考えすぎることが創作の意欲を妨害することさえ、あるかもしれない。

「自分ならいいものを作れるはずだ!」という衝動には、たぶん、なにか非合理的なところがあります。だから、知識を蓄えていることがそれを邪魔する恐れは、ないとは言えません。

いや、実は何よりも私自身がそうなんです。

少なくとも私の場合は、「作る側」に行けなかった理由の一つに、学んで得た知識によって足止めされている面がある。「過去にこれだけの偉大な作品があるのに、お前がそこに付け加えられるものがあるのか？」という思いで、知識が私を引き留めようとするんですね。

言ったように、藝大に入ってからも私には「作る側」に行きたい気持ちがあったし、内心では「見る側」として学んだ芸術の知識を応用すればいいものが作れるんじゃないかとも考えていました。

でも、その二つはうまくつながらなかったんです。私の周囲を見ても、芸術についての知識が豊富な人間がその知見を活かして作った作品がぜんぜん面白くない、みたいなことはよくありました。いい批評家がいざ作品を作ってみると凡作が出てくることは少なくないんですよね。

誤解しないでほしいのですが、私は芸術についての知識や研究の価値をまったく疑っていません。すべての芸術は過去の蓄積の上にあって、そこから逃れることはできないし、芸術を楽しむためにはその知識が大いに貢献してくれます。それは確実です。藝大での学びでそのことを知ることができたのは、私の人生で決定的なことでした。

自分の中で「作ること」と「見ること」のどちらも大切だからこそ、折り合いをつけるのは難しいんですよね。

## 学ぶことで失ったもの

つまり、芸術を学ぶことと楽しむことの間には、緊張関係があるということですね。両者が助け合うことも多いけれど、ときには足を引っ張り合うこともある。

少なくとも私の場合は……学ぶことで失うものがなかったとは、言えないかな。

私の学びのルーツは、画家だった祖父です。彼は別に批評家ではなかったですし、私も大学受験までは、芸術を「見る側」よりも「作る側」に行きたかった。

でも、藝大で見る側としての学びを積んだ結果、私は「見る側」の人間になりました。それは単に絵を描くことに挫折したというのではなくて、学んだことによって描けなくなった面もあるということです。

いや、はっきり言って悔しいですよ。私は絵を描く側に行きたかったんです。でも、じゃあどうして学ぶことを止めないのかというと、その悔しさがバネになっているからです。

もし私が藝大に入らず、何も知らずに一心不乱に絵を描き続けていたら今頃どうなっていただろうと思うことがあります。画家として大成することはたぶんなくて、途中で筆を折って適当に就職していただろうことは間違いないと思うんですが、それはそれで幸せだったかもしれません。

私は学んだことによって、その幸福を失ったわけですよね。それは認めざるを得ない。

しかし、代わりに得たものもあるということです。

## 学ぶことは苦しい。だけど……

藝大で芸術学科に入ってから、私はずっと悩んできました。やっぱり無理をしてでも描く側に行くべきなんじゃないか？　いや、でも絵描きとしてのこの先の道も見えないし……と。

でも最近思うのは、たぶん私は、一生悩み続けるんだろうなということです。そして、「悩み続けられることは幸せだな」ということです。だって、悩むということは、それだけ真摯に芸術に関わっていることを意味するからです。本気じゃなければ、悩んだりなんかしませんよね。

「描く」ではなく「学ぶ」という形でも、幼少期から私を魅了してきた芸術に関わり続けられるのは本当にうれしいことです。それが苦しいのは本当のことですが、絵を描くことだって、あるいは他の学問を学ぶことだって、同じように苦しいんじゃないでしょうか。本気でやろうとするなら。

藝大での私は実技の講義が好きで、1点だけでいい提出作品を何点も作ったりと、かなり熱心だったんですね。

その様子を絵の実技を担当してくれた先生が見てくれていたみたいで、1年生の最後にある展覧会で私のところに来て、展示していた写真を「いい写真だから、これ買うよ」と言って、パッとお金を握らせてくれたんですよ。

それで、言ってくれたんですね。「これで作り続けな」って。

その言葉にどういう真意があったのかはわかりません。そこで展示していたような写真や絵を作り続けなよ、ということだったのかもしれません。

今も私は写真や詩を作る試みを続けていますが、メインは芸術作品の解説や批評です。その意味では、先生が言ってくれたように作り続けているわけじゃありません。

でも、今の私はそのころとは違う形で芸術と関わり、学び続けているし、苦しみ続けている。そのことを嬉しく思います。この苦しさはたぶん、私が本当に学びに向き合えていることの証拠なんですよ。

# 哲学には、クイズ的ではない楽しさがある

哲学には答えがない問いが沢山ある。
答えを知ることではなく、
考えること、論じることそのものに面白さがある。
田村が語る、哲学と出会った瞬間の衝撃。

Tadashi Tamura

## 田村正資

The Roots of Learning 05

1992年生まれ。東京大学大学院総合文化研究科修了。博士（学術）。専門分野は哲学。第30回高校生クイズ優勝。QuizKnockではYouTubeチャンネル「QuizKnockと学ぼう」や通販サイト「QurioStore」の企画・立ち上げを手がけた。2024年8月には哲学の博士論文をベースにした著書『問いが世界をつくりだす』を出版している。

## 僕には何ができるんだろう

ＱｕｉｚＫｎｏｃｋのメンバーはそれぞれ得意とする専門分野を持っていて、その分野で博士号を持っている人もいます。数学とか、物理学とか、漢字とか。その意味では、僕の専門は哲学です。博士号もとりました。

博士号は、いわば「その分野では一人前の専門家です」という証明書みたいなものです。物理学の博士号を持っているなら、それは物理学についての高度な知識を持っていて、専門家として研究をしたり難しい問いに答えたりできるということです。じゃあ、哲学の博士である僕には何ができるのかというと、一言で答えるのは難しい。哲学を学んだ人間でなければできないことは確実にあるのですが、それが他の分野ほどはっきりしていないんです。なぜなら、哲学という学問が、少し特殊だからです。

化学や物理学や医学といった科学には、はっきりとした成果がありますよね。新しいワクチンを開発したり、ロケットを飛ばしたり、治せなかった病気を治せるようになったり。文系の学問でも、たとえば社会学なら、気付きにくい社会の変化をデータから導き出したりといろいろな成果を挙げています。

でも、哲学について、そのようなはっきりとした「成果」を紹介するのはとても難しいんです。僕は哲学の中の「現象学」という分野を専門にしているのですが、現象学を学んだからといっても、少なくとも直ちに病気が治ったり自動車の燃費が上がったりはしません。

哲学はいつもちょっとあいまいな立ち位置にいて、「○○を解明した！」みたいにわかりやすい答えを出すことも多くはありません。哲学はそういう不思議な学問なんです。

## 哲学とクイズ

その意味では、哲学はクイズ向きではありません。

当たり前ですが、クイズにははっきりとした答えがなければいけませんよね。でないと、誰が「正解」で誰が「不正解」なのか判定できませんから。

「100以下の素数はいくつある？」とか「宇宙で最も多い物質は？」といった問いにははっきりとした答えがあります。だから、クイズにできます。

でも、「人生にとっての価値とは？」とか「生きる上で友人は必要か？」といった問いは、クイズにできませんよね。明確な答えがないから。

そして、そういう問いを立てるのが哲学です。

僕は、クイズ的な学びと哲学的な学びをはっきり区別しています。

クイズ的な学びは、客観的な裏付けから、はっきりとした答えを追い求めます。でも、哲学的な学びでは答えはいくつもあっていいし、見つからなくていいんです。少なくとも哲学を学ぶ者としての僕は「答えを探す行為」そのものに価値を感じていて、答えそのものにはあまり関心がありません。そもそも、哲学的な問いには答えがない場合も多い。

「日本で一番高い山は？」と聞かれたら、誰もが「富士山」と答えるはずです。富士山を知らない人がいても、「これが正解だよ」と教えてあげればそれでみんなの答えが一致します。

でも「人生の意味とは？」と人に訊いて回っても、みんなの答えが一致することはなさそうです。人によって答えは違うでしょう。哲学は答えが出なくてもいい、とまでは思いませんが、重要なのは問いについて真摯に考え、それを言葉によって他者と共有することです。クイズ的な「正解」へのモチベーションとはまったく違いますよね。

## ショッピングモールも学問になる

僕がそういう営みとしての哲学にはじめて触れたのは高校生のころでした。そのころの僕は娯楽小説を中心に読む少年だったんですが、2010年ごろにはじめたＴｗｉｔｔｅｒ（現Ｘ）でいろんな人たちが投稿している小説や映画、アニメの感想を読むようになると、その中に単なる感想ではなくて、もっと深い考察があることに気づいたんですね。

それがいわゆる「批評」であり、哲学にもつながるものだったんです。

批評を定義するのは難しいですが、ざっくり言うと、独自の評価基準を設定して考察している対象を評価すること、という感じでしょうか。たんに「あの作品はよかった、感動した」だけではなくて、「あのシーンには○○という意味があり、主人公とヒロインの関係性を考えると……」云々と、考察を重ねていくんですね。

難しいことを考えたり、議論をしたりすること自体は、高校生だった僕にもありました。たとえば現代文の授業では過去の名作を扱ったりしますからね。

でも当時の僕がＴｗｉｔｔｅｒで流れてくる批評を新鮮に感じたのは、「難しいことを考える」対象が、カジュアルな娯楽作品でもいいことを知ったからです。そういう作品は学問とは全然別の世界にあると思っていたんですが、そういう区別をしなくてもいいことに驚いたんですね。そのうち哲学者の東浩紀など、プロの批評家や哲学者の存在を知り、彼らが書くものに夢中になっていきました。

よく覚えているのは、その東の会社から出ていた雑誌『思想地図β』の第一号で組まれた「ショッピング／パターーン」特集です。そこではライターの速水健朗さんらがショッピングモールについていろいろと論じているんですが、びっくりしたのは、議論の対象がショッピングモールであることです。

そのときの僕は東大の受験に備えて勉強をしていたんですが、受験科目にある物理とか化学とか歴史ではなくて、そのへんにあるショッピングモールをテーマにして、批評家や哲学者が難解な議論を繰り広げている。

「そうか、論じるのはショッピングモールでもいいんだ」と思いましたね。ショッピングモールは学校の授業では出てこないテーマだけれど、それを授業以上の真剣さで読み解いてもいいわけです。

しかも、テーマがショッピングモールでもアニメでも、しっかり考察すればそこに知的な喜びが生まれる。「ショッピングモールとは○○である」みたいな唯一絶対の答えが出るわけではないけれど、みながみな自由に論じていて、それが楽しいんですね。

そのうち、僕が説得力を感じる文章の書き手はどうやら哲学を学んできて、その枠組みを使っているらしいと気付きます。これが僕の哲学への第一歩でした。

# 論じること自体が楽しい

翌年、僕は東大に進学するんですが、僕が入ったのは理科Ⅰ類でした。それでも高校時代に知った批評や哲学の楽しさが忘れられず、理系の勉強とは別に、そちらの分野の本も本格的に読み始めました。

東大では、2年間の教養課程をこなしてから専門を決め、その分野の知識を深めていくことになります。さらに修士課程、博士課程と進むほど、専門性は高くなっていきます。

ＱｕｉｚＫｎｏｃｋのメンバーもそうですよね。鶴崎なら数学の表現論とか、須貝なら物理学の物性とか、興味がある分野の専門家になるよう大学院でトレーニングを受けたわけです。

でも、僕には彼らと同じ意味での「専門」はない気がするんです。何か特定のテーマに強く興味を持つのではなくて、アニメも、ショッピングモールも、ペットボトルの緑茶も、何でも論じてみたい。

こう言うと「興味の幅が広いですね」と言われそうですが、たぶん、そうではありません。そうではなくて、おそらく僕は、「何に対しても興味がない」んです。特定のテーマに惹きつけられるのではなく、テーマは何でもいいから、「考察すること」や「論じること」そのものが好き。

博士号をとるような人の多くは、「この分野について一生学び続けたい」というテーマがあって、その分野について研究していると思うんですが、僕にはそれがない。極端に言えば、論じることを楽しめればなんでもいいんです。

そして、そういう学びのスタイルを許容してくれるのも哲学です。やっぱり、少し変わった学問ですよね。

もちろん、僕も大学院では研究テーマを決めました。それは哲学の中の「現象学」という分野、とくにフランスのモーリス・メルロ゠ポンティという哲学者で、僕は彼についての論文で博士号をとりました。この論文をベースにした『問いが世界をつくりだす』（青土社）というタイトルの本も出ています。

その意味では僕の専門は現象学です。でも現象学を専門にしたのは、現象学にはさまざまな物事を考察するための便利な「道具」がいろいろある気がしたからです。自分がメルロ＝ポンティのことが好きなのか、と言われるとわかりません。もちろん、ふつうの人と比べたら圧倒的に好きだし思い入れもある。彼のテキストが自分の思考の血肉になっていると思います。

でも、今後アカデミックな哲学研究を続けるとしても、メルロ＝ポンティを追い続けるかどうかはわかりません。

## 一つの学びを突き詰めた先の広がり

ここまで自分が感じた哲学的な考え方のユニークさについて語ってきましたが、実際のところは他の学問や学びにも似たところがあるかもしれません。

さっき「現象学にはいろいろな考察のための便利な道具がある」と言いましたが、どの分野でも、突き詰めると別のテーマへの応用が利くというか、いろいろなものごとが見えてくることがあると思うんです。

たとえば、将棋棋士の羽生善治さんはひたすら将棋に人生を捧げてきた将棋の専門家ですが、発言を聞いていると、科学技術や社会の動向など、将棋以外の分野についても非常に深い洞察力がある人だとわかります。

じゃあ将棋ばかりをやってきた羽生さんがどのように将棋以外のものごとを深く考察しているかというと、おそらく、彼が突き詰めた将棋のアナロジー（類推）を使っているのではないでしょうか。将棋という特定のテーマについて徹底的に考え抜いた羽生さんは、そこで得た学びを抽象化して、他の分野にも当てはめているのではないか、と僕は思っています。

もしそうであれば、（そのまま並べるのは少し気が引けますが）僕にとっての現象学やメルロ＝ポンティは羽生さんにとっての将棋と同じです。そして、一見、特定の分野だけを学び続けてきた専門家も、一つのジャンルを極めることで、他の世界への展望がひらけることはあるかもしれませんね。

## 突き詰めると構造が見えてくる

なぜ特定の分野を突き詰めると、他の分野への洞察力も深まるのか。それは、突き詰める過程でその分野での学びが抽象化されて、他の分野にも当てはめて使うことのできる「構造」が見えてくるからだと思います。

難しい話なので分かりやすい例を出すと、映画『スター・ウォーズ』シリーズについて、「あれは父子の対立の話なんだ」と見なす解釈があります。その解釈は別に唯一の正解というわけではないし、別の見方をする人もたくさんいるでしょう。その意味では批評や哲学に近い見方ですが、それはともかく、『スター・ウォーズ』という具体的な映画を「父子の対立」と見なすのは、一種の抽象化ですよね。父子対立という構造に抽象化しています。

抽象化した構造は具体的な文脈を離れられますから、その構造を別のものに当てはめることが可能になります。

この場合だと、『スター・ウォーズ』から抜き出した「父と子の対立」という構造を、他の作品に探すことができるようになります。すると、古代ギリシャのホメロスが書いたとされる叙事詩『オデュッセイア』や特撮の『超力戦隊オーレンジャー』も父子対立を描いているものと見なして、比較したり同列で語ったりすることができるようになりますよね。

抽象的な構造を見出すことで、本来はまったく違う分野のものと一緒に語れるようになる。羽生さんも将棋を突き詰めることで、そこになにか他分野にも当てはめられる構造を見つけたんじゃないでしょうか。

## 哲学を他者に語る意味

僕にとっての哲学での答え探しは、今言った構造を見つけることに近いですね。さっきの例だと、「ショッピングモール」という具体的なテーマに、どういう構造を見出すか。「資本主義と地域社会が出会う場所」とか「欲望を喚起するシステム」

とか、いろいろな答えがあり得るでしょう。設定からして答えを限定することができないテーマを扱うところがクイズとの違いだと言えるかもしれません。

そんな感じで僕は哲学を楽しんでいるんですが、一人で考察を深めて楽しむだけではなくて、人と議論をしたり、文章を書いたりとアウトプットすることもよくあります。

はっきりした答えがある、少なくともあり得る他の学問なら、「こういう発見をしました」と結果を他人と共有する意味があるわけですが、そうではない哲学で対話をする理由はどこにあるか。

これは僕個人の考えですが、僕にとっての他者との対話は、考察の確かさを確かめるための物差しなんです。

哲学ではいろいろな答えがあり得ると言いましたが、決して「なんでもアリ」というわけではありません。ちゃんと筋が通ったいい考察もあれば、明らかに雑なものもある。明確な答えはなくても良しあしはあるんです。

その良しあしは、自分一人で考えているだけではなかなか見えませんが、他人に話すとよくわかります。相手が深く納得すれば、それだけ僕の考察が確かだったことになるし、その逆もしかりですよね。

文章を書くことも似ています。読者から反応がなくても、文章という形で頭から出して、客観的に眺めることでアラが見えてきたりもしますね。

あるいは、他人の考えを聞いたり読んだりすることで自分の考察をブラッシュアップすることもできます。答えが出ない学びの営みでも、やっぱり他者は大事です。

## 学問の開拓者としての哲学

このように、多様な答えがあり得る問いに対して自由なやり方で考察を続けてきた哲学ですが、科学や学問が進歩することで、哲学が扱ってきたテーマを科学的に研究する方法が確立することもあります。たとえば、「時間」とか「空間」というテーマは、大昔は哲学的な問いの対象でしたが、今は物理学が研究していますよね。

近年だと、長らく科学にとっても謎だと言われてきた僕たちの「意識」がそうかな。赤い色を見たときに感じる「赤さ」や、お湯に指を入れたときの「熱さ」といった主観的な「感じ」はずっと科学では説明がしづらい現象だと思われてきたのですが、脳や認知の研究が進んだ結果、科学的な説明も試みられるようになりました。科学の対象になるということは、たくさんの解釈が共存するのではなく、ただ唯一の正解を求めて、科学者たちが厳密に決められた方法で研究するということです。哲学のような自由度はありません。

要するに、哲学は、歴史的には科学のフロンティアみたいなものだったのかもしれませんね。まだその対象を扱う科学的な方法が確立されていないテーマに対して、原理的な構造を探る営みが哲学です。でも、哲学者たちが自由に論じてきたそういうテーマに対して、何かのタイミングで精緻な方法論が確立すると、それは哲学から科学になる。だから科学の進歩によって哲学の存在感が薄れてきていることは、否定できないかも。

僕はＱｕｉｚＫｎｏｃｋにも関わりながら、そういう哲学を学んでいます。高校生のころからやってきたクイズと、やっぱり高校生で出会った哲学。対照的な二つの学びですが、僕の中では矛盾せず同居しています。

ポジティブな意味で浅く広く、はっきりした知識を集められるクイズは、やっぱりいいですよ。正解を競うのは刺激的だし、クイズをしていると全然縁がないジャンルについても関連する単語を一つや二つ知っている状態になれるから、興味が持てるものごとがとても多くなるんです。

一方で、終わりのない深い考察を続けるための枠組みを提供してくれる哲学は、ものごとについて考えたり、小説やアニメといった作品を楽しんだりするための引き出しを増やしてくれます。

学びの性質はまったく違うけれど、どちらも楽しい。学びかたは、一つだけじゃなくてもいいんです。

特別対談
後編

Nobu

# 東京に生まれていたら、僕は東大に入れなかった

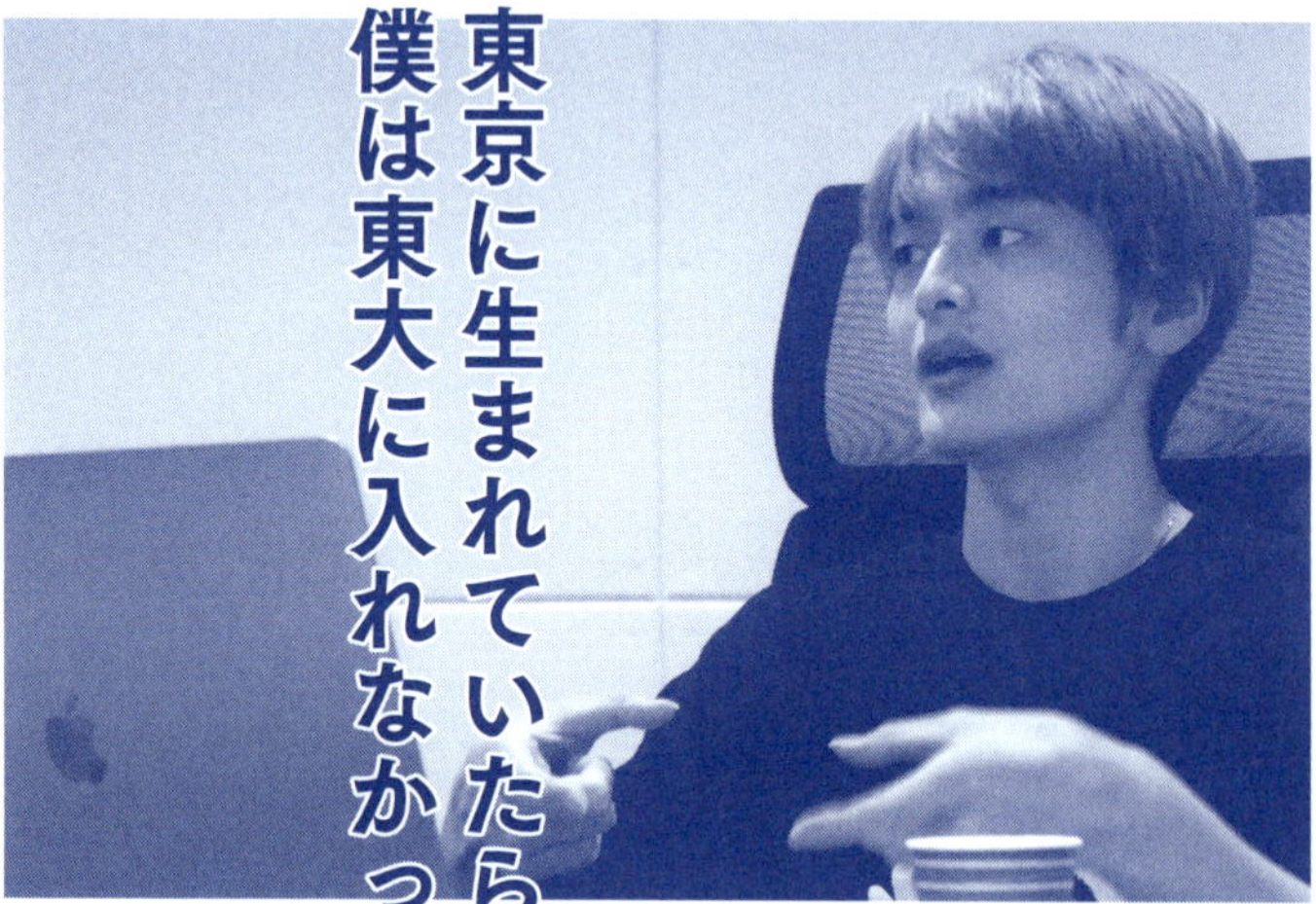

Inui

**図書館に行ったら「スマホ回収しまーす」**

――地方から東大を目指すなかで、2人がどんな風に勉強に取り組んできたか聞いていきたいです。先ほどのインタビューで乾さんが「東大」というイメージに自分で壁を作っていたという話がありましたが、ノブさんは尻込みしてしまうことはありましたか？

**ノブ**　模試とかでE判定とかが返ってきたときは当然つらくはなるんですけど、「東大に行けないかも」って思ったことは一度もない気がします。

――一度も。それはなぜですか？

**ノブ**　今考えると結論としては、「めちゃくちゃ勉強してたから」。かなりの量、かなりの時間勉強してたことが、自信につながっていたのかなという気はしてます。

**乾**　それはめっちゃわかる。僕もそういう不安があったからこそ勉強してたのはある。結局、勉強の不安は勉強でしか解消できないんだよね。単語を覚えようと思ったら、単語帳を見るとかしかやることがないから、それをもうやるしかないよねっていう。

**ノブ**　そうそう。あと勉強の「質」って実際大事だとは思うんだけど、量をやってこそ自分に合う勉強法が見つかることもあるんですよ。僕自身、質だけ追い求めても自信の根拠となってくれるものがないなって思っていて。だから受験当日までそういう自信を持って臨めたのは、「ここまでめちゃくちゃ勉強したんだ」という自覚があったからかなって思ってますね。

**乾** ということはノブは質より量派？

**ノブ** 僕は質のこと考える前に量をとる派かな。でも「どちらかと言えば」というだけで、質の高い勉強を長時間やることはできるし、質と量は同時に達成しうるものだとは思ってるよ。

**乾** それは確かにそう。

**——乾さんはどうでしたか？**

**乾** たぶんノブよりは質重視派なんだろうなって思うかなぁ。もちろんメンタリティとしてはノブと一緒で「めっちゃ勉強しよ」っていう感じなんですけど、どれだけ勉強しても点を取れなかったら意味ないよねっていう考えは結構あったかなぁ。これは塾の先生の受け売りなんですけど、もしも東大に落ちましたってなったときに、大学に「僕は何千時間勉強したんですけどなんで落とされるんですか」って電話しても、「いや、それは点が取れてないからですよ」って言われるだけじゃないですか。

**ノブ** そりゃそうだ。

**乾** そう考えたときに、少なくとも東大に合格するための勉強は、東大に合格するためにあるべきと思っていて。だから質が高いでも量が多いでも何でもいいんだけど、結果につながらなかったら意味ないよなぁっていうのは根本にあるんですよね。

**――具体的にはどんな勉強方法を意識していたんでしょうか？**

**乾**　一言でいうなら、間違えた問題を大事にすることですかね。闇雲に勉強するんじゃなくて、再現性というか、間違えた問題をちゃんと理解して、次は同じ問題なら当然、類題でも解けるようにすることは意識してました。

**ノブ**　うんうん。

**乾**　たとえば友達がいつもと違う服を着ていても、「その人だ」とわかるじゃないですか。でも、1回会っただけの人だったら気づかないかもしれない。問題も同じで、細かい設定とか言い回しが変わってるせいで類題を類題だと思えないことがあるんです。だから、一度出会った問題の本質を理解しようとしていました。

**――なるほど。**

**乾**　ここでもやっぱり印象的なのが高校のときに通ってた塾の先生で。僕は塾で問題の解き方というよりも、勉強の取り組み方を教わったと思っていて。塾の先生がすごく厳しかったんですよ。どんな簡単な問題でも「これが正解なのはわかったんだけど、こっちが正解じゃないのはなんでですか?」ってめっちゃ問い詰めてくるの。たとえば、センター試験(現在の共通テストにあたる)の英語の最初の方にある、文法の問題とかでも。

**ノブ**　すご!

**乾**　でもみんな「なんとなく」で解いちゃってるから、大体答えられないんですよ。そういう「簡単」といわれている問題に1時間かけることもあったんだけど、そのおかげで勉強への態度を教え込まれたというか。

**――態度というのは?**

**乾**　少なくとも東大とかセンター試験の問題って、基本的に解釈が割れるような答えにはなっていないはずで、論理的に考えれば絶対に答えが導けるんですよね。未解決問題が出されているわけじゃないから。

**ノブ**　わかる。「この問題はこれを使えば解ける」っていう方法論だけじゃなくて、なぜこれが問われているのかとか、当然そのように解かれるべくして問題が作られているんだからということを理解するのは大事だと思う。

**乾**　そうそう。だからこそ、問題の本質が理解できていれば、間違えても次に出会う類題は正解できるわけで。そういう再現性を意識して、どこでつまずいたのか、何が足りていなかったのかを、論理的に考えながら勉強してました。

**――乾さんは塾での勉強がメインでしたが、ノブさんはいかがでしたか？**

**ノブ**　僕は基本的に友達と図書館で勉強してました。部活とか学校行事もめちゃくちゃやりたいタイプだったというのもあって、塾にはほぼ通っていなくて。だからその分、図書館で21時まで集中して勉強して、帰ってからは一切勉強のことを考えずにできるだけ早く寝て、翌日の朝の勉強時間を確保することをルーティンにしてました。

**――自分でルール化してたんですね。**

**ノブ**　自分でやるべきことを組み立てられるのが、塾行かない派のよさだったなと思っていて。もちろん塾で得られるテクニックみたいなものは僕は落としていると思うんですけど、その分やりたいことがやれていたのはよかったかなとは思っています。学校の授業とか課題がすごく質が高かったというのもありますけど。

**――でも、図書館で友達と勉強していると遊んじゃうこともありませんでしたか？**

**ノブ**　むしろ、友達がめちゃくちゃ勉強を頑張ってたのが大きかった気がします。そこから刺激をもらっていたというか。ちなみに、受験が終わった後に友達の親に感謝されて。

**乾**　スマホを回収してた話？

**ノブ**　そう（笑）。スマホがあるとどうしても遊んじゃうんで、図書館に行ったら「スマホ回収しまーす」って友達から集めて、コインロッカーに突っ込んで。僕が一番意志が強いってことで鍵を持ってました（笑）。

**――しっかり者だ。でもそれくらい連帯感を持って勉強できるのはいいですね。**

**ノブ**　スマホ回収は極端な例ですけどね（笑）。

**――勉強の内容面で意識していたことはありますか？**

**ノブ**　それでいうと、基礎を重視してたのかなぁ。入試の過去問に早めに手をつける人もいるとは思いますけど、僕は高3の夏とか秋くらいまではやらないでおこうって決めていて。基礎力がついてない状態で答えを知っちゃうのがもったいないないと思うんですよね。

**乾**　それはそう。

**――過去問は早いうちからやるものだと思ってました。**

**ノブ**　答えを知っちゃうと、答えありきで考えちゃうんで、自分の実力を測れなくなっちゃうんですよ。とにかく、他の教材でつけられる知識はつけたうえで過去問に臨みたかったんで、手をつけなかったですね。

**――乾さんがめちゃくちゃうなずいてる。**

**乾**　「難度を知るために」という目的な

ら、1年分だけ解いてみるべきだとは思うんだけど、「とりあえず何点取れるかやってみよう」みたいなのはあんまり意味がない気がするんだよね。それよりもまずは他の問題集をやって、過去問をやるのは目標とするレベルを確認するためにするのがいいと思う。とは言いつつ、僕は逆に数学の過去問が単元ごとにまとまってる問題集をやっちゃってて、むしろ直前にやることなくなっちゃったんだよね。だから東大模試の過去問をやってた。

**ノブ**　東大模試の過去問はやるよな。俺も10年分を2・5周くらいしてやることなくなって、駿台・河合塾の過去問の他にも代ゼミ（代々木ゼミナール）までやった気がする。そしたら代ゼミの問題に近い問題が当日出て、「偉すぎ、俺！」って思った（笑）。あと受験前にさ、自分の取りたい点数の配分めちゃくちゃ考えない？

**乾**　あぁ～考えたわ！

**――点数の配分？**

**ノブ**　試験科目の配点から点数の配分をシミュレーションするんですよ。自分の実力と伸びしろを比較して、どの教科に力を入れていくか決めるんです。たとえば国語で既に40点くらい取れるとしても、満点で80点なのでめちゃくちゃ極めたとしてもあと30点ちょいしか上がらない。

でも数学で60点の実力だとしても、配点が120点あるから伸びしろが60点あるとか。そういうのを受験期を通してずっと考えて勉強してました。

**乾**　そうそう。当日がどうっていうよりも、結局当日に向けてどう勉強するかを決めるのが大事なんだよね。僕はマジで数学で点数を稼ごうとしてて、逆に現代文は最悪0点でもいいか、っていう戦略だったからあんまり勉強しなかったりとか。

**――すごくメリハリがありますね。**

**乾**　結局は合計点での勝負なので、どこで点を取ってもいいんですよね。僕は文系だけど数学が得意だったから、東大合格者の体験記みたいなのから「文系かつ数学が得意で受かった人」のものだけ読んで、戦略を考えてました。いろんなパターンの合格者を知ると、自信にもつながるし。それで「数学コケたら終わり」で挑んだんだけど、当日はまぁちょっとコケて。なぜか、国語がめちゃくちゃ高かったりとか（笑）。

**ノブ**　僕も当日の結果には全然反映されてない（笑）。

**――それでも自分の特性を理解しつつ、指針を持ちながら勉強していくのが自信につながるんだなぁと感じます。**

**乾**　そうですね、それはマジで大事です。

### 東大の試験のあと、真逆の行動をしていた2人

――ちなみに受験が終わった後、合格発表まで2人は何をしてましたか？

**ノブ**　僕は東大の試験が終わった瞬間から合格が出るまで、ずっと東北大の後期試験の勉強してました。

**乾**　えら！

**ノブ**　やっぱり親に「一度の受験で行ける大学に行きなさい」って言われてたのもあって、浪人のことは考えてなかったから。私立は受かってたけど、国公立は後期もあったし。

**乾**　僕は逆だったわ。一応後期は一橋大に願書を出して赤本とかも買ってたんだけど。東大の試験終わったら「もうこれでダメだったらいいや、落ちてたら浪人しよう」っていう気持ちになって、予備校の入学予約してた。

**ノブ**　あぁ～、そういう人も多いよね。

**乾**　でも勉強に集中できなくない？

**ノブ**　友達も後期に向けて勉強してたからできたっていうのもあるし。さすがに東大の合格発表の前日は手につかなかったけどね。化学式見ても全然頭に入ってこないし。

**乾**　そうだよね。いやぁでも、偉いわぁ。

――そう思うと、当初「あまのじゃく」

で東大を目指していなかった乾さんが、そこまで東大合格にこだわるようになっていたんですね。

**乾**　いろいろあったけど結局目指してからは本気で勉強して、東大に行きたいっていう気持ちも強くなっていたので。なんか「一橋行きたいって言ってたのに最後になって東大行くって言って結局落ちたんかい」みたいなのが自分のなかでダサいなっていうのもあって。

**ノブ**　そういう選択肢ももちろんあるけどね。

**乾**　もちろん。でも僕の場合は「それなら意地でも行きたい」っていう気持ちに変わってきた。

——なんだか受験ドラマを見ているようです。

## 東大に入ってみてどうだった？

——それぞれが東大に対するイメージを抱いていたと思うんですが、実際に入学してみていかがでしたか？　それこそ、全国でトップクラスの学力の人たちが集まってくるわけで。

**ノブ**　単純に「すげー！」って思うことはありますね。「好きな食べ物はカレーです」みたいなテンションで、「数学オリンピックで銀メダルだったんだよねー」

っていう話がしれっと出てくるから（笑）。本人は何とも思っていない感じなんだけど。

**——すごい！**

**ノブ**　他にも「もしも俺だったら末代まで自慢するよ」って思うようなすごい話が何気なく出てくる一方で、模試の成績上位者としていつも名前が載っていた人がとんでもなく天然だったりして、びっくりすることもある（笑）。

**乾**　そうそう。あと高校のとき、僕たちって友達に「この問題わかんないんだけどどうしたらいい？」って質問される側だったじゃない？　ただ高校だと友達と学力もそこまで変わらないから、一緒に考えて解く、みたいな感じになるんだけど。でも東大だと「これわかんないんだけどさ」って聞くと、「あーそれはね」って普通に教えてくれるっていう。それはめっちゃ快適（笑）。

**ノブ**　どの科目でもクラスに絶対自分より頭いいやついるもんね。上には上がいる。

**——すごいとしか言えなくなってきた（笑）。講義の内容が難しいなどのギャップはありましたか？**

**ノブ**　それでいうと、ちゃんと頑張ったのに想定と違う成績になるっていう経験は大学が初めてな気がします。東大の成績って「不可・可・良・優・優上」なんですけど、最初の数学のテストで、普通にそこそこやったのに「可」がついて。でもそれは僕のなかで例外で、ちゃんと頑張ったらちゃんと順当な成績をもらえる大学だと思います。結局まじめにコツコツやってる人が成績いい。

**乾**　そうなんだよね。まじめにやってればね。

**ノブ**　だけど、「どう頑張っても理解できんな」みたいな学問に出会うことはありますけどね（笑）。数学とかもはやわかる気がしてない。

――受験の問題は「必ず理解できる」という気持ちで勉強してきたという話がありました。でも大学で「どう頑張っても理解できない」にぶち当たったとき、理解できている人を見るとどんなことを感じましたか？

**ノブ**　ただただ「すげーなぁ」と。でもそれはそれとして、自分が好きな分野とかに関しては自分のほうが詳しいことはもちろんあるし、比べるところではないというか。

**乾**　クイズやってる人と話してて、「何でそんなこと知ってるの？」「クイズやってるからですよ」ってなるのと同じかも。突き詰めるところが違うだけ、みたいなのはあるよね。

**ノブ**　めちゃくちゃそれだわ。それぞれの頭のよさをリスペクトしてるので。

**――そういう話を聞くと、受験っていうひとつの大きな競争が終わって大学に入ると、自分が好きなものや学びたいものが選びとれるようなフェーズに入っていく感じはしますね。上京後に地方出身であることを意識することはありましたか？**

**乾**　これは他の大学でもあることだと思うんですけど、やっぱり難関中高校からの出身者が多いなって。僕の高校から文系で東大受かったのが1人だけだったので、最初は友達がいない状況だったんですよ。東大にはクラスがあって、1クラス30人ちょっとくらいかな。でもそのなかに開成高校の出身者が5人くらいいるみたいな。そこで「えっ？」ですよね（笑）。聞くところによると、その年に開成から東大に入った人のLINEグループがあって、表示が「グループ名（100）」とかになってる。

**――グループ名の後についてる括弧内の数字、人数ですもんね。多い……。**

**乾**　あ、そんなにいるんですね、って（笑）。誰が何組にいるとかもまとめられてて、期末試験の過去問の情報交換をしているのを聞くと「いいなぁ」って感じでした。

**――ノブさんはどうでしたか？**

**ノブ**　地方出身の人は一人暮らししてる人が多いから、お互いに泊まりに行ったり一緒に勉強したりして、地方出身者同士で仲良くなるみたいなの結構ありましたね。あとは方言もそうですけど、「これって地方だけなんや」っていうものに気づくとか、地元を離れてみて自分の地方愛に気づくみたいなのがありましたね。

**乾**　自己紹介でも1個話のネタになるからね。

**ノブ**　そうそう！

**――ほかに「東京出身じゃないことでポジティブに働いた」と思うことはありますか？**

**乾**　本当に「もしも」の話なんですけど、東京に生まれていたら東大に入れていなかったんじゃないかと思うことはありますね。僕は高校で伸びたタイプなんですよね。中学校のなかでは成績がよくて1位も取れていたけど、おそらく同世代の中学生全体で比べたら別にそこまでいい方ではなかったと思うんですよ。少なくとも東大に入るような水準ではなかったと思っていて。

**――なるほど。**

**乾**　もしも自分の中学の外の水準だったら、たとえばもっとレベルの高い東京の中学であればたぶん1位は取れていなくて、それに応じた高校に進学していたと思う。そうなると、きっと東大にも入れてなかったんじゃないかと思いますね。

**――中学から高校にかけて、心が折られ**

**るような経験がなかったという。**

**乾**　そうですね、まったく折られなかったわけでもないんだけど、大きな挫折みたいなことはなかったから。井の中でのびのびとできたというか。どっちがいいとかではないけど、今思えば当時の環境があったから遠回りしなかったみたいな面はあるかもしれない。

**――ノブさんは「東京に生まれたかったな」と思うことはありましたか？**

**ノブ**　いや、僕は東京に生まれたかったとは全く思わないですね。やっぱり高校まで愛知で過ごした時間は普通にめちゃくちゃ楽しかったので、不満はなくて。自然もあって、小さいころは缶蹴りとかして遊んで（笑）。でも中学のころから一人暮らしには憧れていたので、「上京したら一人暮らしできる」っていうのはモチベーションの一つではありましたね。

**乾**　それで言うと、東京に生まれたら上京できないよね、東京が実家になっちゃうから。

**ノブ**　缶蹴りもできないしね。

**乾**　いや、缶蹴りは東京でもできるだろ！

## 世の中の発言は全てインスタグラム

**――最後に、受験に関してメッセージが**

あれば教えてもらいたいです。乾さんはどうですか？

**乾**　周りを気にしすぎず自分を信じることが一番大事なのかなと。

**ノブ**　わかる。

**乾**　さらに言えば、何でもいいから自分を信じるんじゃなくて、「信じられる自分になる」というのが近いんですけど。なるべく客観的に正しいこと、正しい勉強、正しい努力をすることを意識すると自ずと信じられるし。周りでやんややんや言ってる人に対しても「そうは言ってるけど、俺のほうが正しいからな」って思えれば、気にしすぎないで済むんですよね。だから、それを測る何か、基準を見つければいいんじゃないかなと思います。僕は塾の先生でしたけど、学校の先生でもいいし、参考書とかネットとか、それこそ伊沢さんとか、わかんないけど（笑）。自分が信じられる「ものさし」というか、「しるべ」みたいなものが見つかるといいのかなって。

**ノブ**　僕も乾と言いたいことはあまり変わらなくて、世の中の人々の発言を気にしないこと。それこそ、受験期は「世の中の発言は全てインスタグラム」だと思ってました。

**――インスタグラム？**

**ノブ**　インスタに載せる写真って、周りのお手拭きとかごちゃごちゃしたものを全部画面の外に出して、めちゃくちゃキレイな部分を切り取って、それを加工して上げるじゃないですか。

――あぁ〜、わかります。

**ノブ**　だからほかの受験生も、めちゃくちゃ泥臭く努力していることとか、実は成績うまくいってないとか、昨日サボったとかは隠して、「A判定だったんだよね」「テストの点数がよかったんだよね」って言ってることもあるはずで。そういう面って誰にでもあるものだから、「キレイな部分だけを見せられてるんだ」って思うくらいのメンタリティでいたほうがいいと思っていて。インスタに載ってるキラキラした写真と自分のインカメの顔を比較したら、それはインスタのほうがキレイに見えるじゃないですか？　だから受験のときも、周りを見て「自分はできてない」って自分のよくない部分に目がいっちゃうと思うんですけど、比較しないほうがいいよって思うんですよね。

――確かに。

**ノブ**　あと、僕は友達と一緒に勉強するってだけでめちゃくちゃ頑張れたので、そういう仲間を見つけるみたいなこととか。

**乾**　僕も塾で休憩時間に友達と問題出し合ったり、教え合ったりしたのは大きかったかなぁ。

**ノブ**　授業終わったら一緒に図書館行っ

て、19時くらいにカップラーメンをみんなで食べて。チリトマト味を（笑）。

**乾**　僕はカップ麺の塩焼きそばをめちゃくちゃ食べてた。僕が塾の自習室に電気ケトルを持って行って、みんなで。

**ノブ**　強っ。高校生ってめちゃくちゃお腹減るんだよね。19時にカップ麺食べて、家帰ったら普通に夕食も食べるっていうね。

**乾**　そうそう、そうなんだよな。

**ノブ**　でもそういう息抜きの時間って絶対必要だと思っていて、そこに一緒にいてくれる仲間がいたというのは大きかった気がしますね。そうすると孤独に戦っている人はどうすればいいんだっていう話にはなってきちゃいますけど。

**乾**　「QuizKnockと学ぼう」がある！

**ノブ**　まさに！　QuizKnockと学ぼうじゃん！　ぜひ活用してほしいね。

QuizKnock
The Roots of Learning

1993年生まれ。東京大学理学部卒業。2016年に伊沢拓司らとともにQuizKnockを創設し、現在はYouTubeの企画・出演を行う。クイズ大会「WHAT 2022・2023」では大会長を務めた。2023年には妻・篠原かをりとともに『雑学×雑談 勝負クイズ100』を出版。『Qさま!!』『ネプリーグ』など、多くのクイズ番組でも活躍中。

# 本を読むことは、自由でいい

小説の主人公に感情移入できなかった少年は、
やがてラノベにハマり、本に魅入られていく。
「文章を読む」「小説を書く」「クイズ作りと言葉の関係性」など、
日本語の世界と自由な読書論を河村が語る。

Takuya
Kawamura

# 河村拓哉

06 The Roots of Learning

実は、僕は読書が得意ではありませんでした。苦手だったと思います。でも、苦手なりに続けてきたおかげで、今の僕があります。だから、読者のみなさんも、「読書は○○でなければいけない」などと決めつけずに、好きなものを、好きに読んでいいのではないでしょうか。かつての僕のように。

## 「読むこと」へのハードルを下げる

今の僕は、「ハードルを下げる」ことを強く意識して読書をしています。「最後まで読み切らなければいけない」「内容のメモをとらなければいけない」……といったルールを自分に課さないということですね。

じっくり精読することもあれば、さらさらと飛ばし読みするのでもいい。紙の本でも電子書籍でもいいし、ふせんは貼っても貼らなくてもいい。とにかく、読めればなんでもいいんです。

ある本を読み終える前に、別の本を読みはじめてしまうこともよくあります。すごく多くの本を読んでいるように言われることもありますが、月に読む本の数は、多くて10冊くらいです。

そうそう、最近、さすがに読んでおかないとまずいかなと思って、夏目漱石の『吾輩は猫である』を、はじめて読みました。今さらと思われるかもしれませんが、実は、読んだことがなかったんですよ。

『吾輩は……』は色々な出版社で書籍化されていますが、どの本を読んだかというと、講談社の児童書レーベルである「講談社青い鳥文庫」。漢字に読みがながふってあるし、難しい言葉の解説もあるしと、僕にとってもわかりやすかったからです。

## いつでも読める状態にしておく

僕が読む本のジャンルは、ちょっと小説に偏ってはいますが、色々です。「この本、以前もクイズで聞いたな」とか、気になったものを片っ端から買っておくようにしていますね。

「買って『おく』」というのがポイントです。「買ったらすぐ読まなければいけない」というルールを作らずに、家に置いておいて、気が向いたら読むんです。

いつ、どんな本を読みたくなるかは気分に左右されます。ネット書店で注文した時は「読みたい」と強く思っていても、家に届いたころには、なんだか面白くなさそうに思えることだってありますよね。

でも、家に置いて読める状態にしておけば、ふと読みたくなった時にすぐ読める。それが大切なんです。家になければ、読みたくなっても読めませんから。

これも、読むハードルを下げるための工夫です。

あと、完全な自由時間が手に入ると読書よりも遊びや昼寝に使ってしまいがちですから（笑）、制限がある状態で読むようにもしています。どうするかというと、用事の間の隙間時間や、仕事をはじめる前の時間に読むんです。

その日のうちに終えなければいけない仕事があるとしますよね。それを終えてから本を読もうと思っても、さっき言ったように他のことに時間を使ってしまうから、結局、読めないことが多い。

だから、仕事の前に読むんです。仕事前に遊びに行くわけにはいきませんから、これなら読めますよね。「そろそろ仕事をはじめないとヤバいな」という時間までが読書の時間です。

こういう時間にちょこちょこと本を読むためにも、読書へのハードルを下げ、いろいろな本を「読める状態にしておく」といいんじゃないかな。

## 小説には「再現性がない」

今でこそ小説を書いたりしている僕ですが、実は子どものころ、小説を読むことにずっと違和感がありました。それは、小説には、大人になった今の僕の言葉で言うと「再現性がない」ように感じられたから。

再現性というのは、平たく書くと、同じことをすれば同じ結果にたどり着くことですよね。でも、小説の登場人物たちの描写には、その再現性がないように感じられたんです。少なくとも、小説内の描写が、僕においては再現されないことが多いことが気になっていました。

たとえば、小説の主人公が悲しむ描写があったとします。でも、その主人公が感じる「悲しみ」と、僕が考える「悲しみ」が同じだという保証は、まったくないですよね。主人公にとって悲しいことが僕にとっても悲しいとは限らないし、仮にそうだとしても、その「悲しさ」が僕のそれと同一かどうかは確かめられません。

それが気になって、小説に違和感があったんです。登場人物の悲しさと僕の悲しさが同じであることが確認できない以上、小説を理解したとは言えないと思っていたんですね。僕はよく、昔の自分は「小説の感情表現が嫌いだった」と言うのですが、それはそういう意味です。あと、「靴ひもが切れたことが、その後の暗い運命を示唆している」みたいな、暗示を読み取るのも苦手でした。

だから、小学生のころの僕はミステリーばかり読んでいました。なぜミステリーかというと、トリックや推理は論理的なものだから、感情とは違って再現性があるから。高学年のころには森博嗣や京極夏彦をよく読みましたね。

## 小説への立ち位置をつかんだ

ですが、中学校に上がる前くらいに読書傾向が少し変わりました。『灼眼のシャナ』や『涼宮ハルヒの憂鬱』といったライトノベルを読み始めたんです。

その読み方は今思うと「雑」で、一冊あたり一時間半くらいでざっと読んでいたんですが、ライトノベルはそういう読み方でも楽しめるんですね。娯楽に振り切っているし、キャラクターの魅力だけでも価値があるから。

そのうち僕は、ライトノベルのキャラクターたちの考えや言動の「再現性」が気にならなくなってきました。僕はぜったいやらないような突飛な行動をキャラクターたちがとっても、「そんなものかな」と思えるようになったんです。小説の登場人物に対して距離を置く読み方を身に付けたというか。

当時の僕にとってのライトノベルの娯楽性やキャラクターのかわいらしさは、それまで僕が好んで読んでいたミステリーのトリックや推理みたいなものだったのかもしれません。トリックの論理性のおかげでミステリーを読めたように、楽しさやキャラクターの愛らしさのおかげで、ライトノベルを読めたわけですから。

今思うと、まだ話の筋をしっかりと読めてはいませんでしたが、曲がりなりにも「読む」という経験を積み重ねられたのは大きな収穫でした。読書方法を身に付けるための補助輪になってくれたんです。

小説の世界と距離を置いた読み方ができるようになったおかげで、キャラクターを遠くから眺めても楽しめるようになりました。それまでは僕の中に「小説を読むときは登場人物と一体化しなければいけない」という思い込みがあって、そのせいで感情の再現性のなさが引っかかっていたんですが、そこから自由になれたからです。

このように、強迫観念がなくなって自分なりの小説世界への立ち位置を身に付けたら、今度はむしろ登場人物への興味が出てきました。トリックやキャラクターの可愛さといった、読者を楽しませるための表面的な仕掛けを一通り見てきたこともあるかもしれませんね。

繰り返しになりますが、僕は読書下手だと思うんです。でも、下手なりに読み続けてきたことで、僕らしい読み方に出会えました。僕の場合のそれは、「登場人物や他人とは分かり合えないものだ」という前提のもとに本を楽しむこと、でしょうか。

そして、僕が僕流の読み方をしてきたことは、後でお話しするように、今の活動にもつながっています。

## 「書くこと」にも再現性がなかった

ところで、ライトノベルを読むようになった僕は、そのうち自分でもライトノベルを書いてみたくなりました。

理由として大きかったのは、文字は再現性が高いから。というより、小説を構成する文字には100%の再現性があるんです。

ピカソの絵を僕が再現しようとしても、下手な模写にしかなりません。つまり、再現性はとても低いですよね。でも、小説、たとえば夏目漱石の『吾輩は猫である』を再現しようと思ったら、同じ文字を並べればいいだけですから、１００％の精度で再現できるんです。

絵とか音楽とか、表現方法にはいろいろあるけれど、文字は再現性が高い。だから僕は、小説なら自分でも書けるような気がしていたんですが、それは大きな誤りでした。文字には再現性があっても、文章を書くということはとても難しいんです。

いや、そもそも、書くこと以前に、読むことも難しかった。

そのことを知るまでにはかなり時間がかかりましたが、大学入試で、現代文の読解に苦戦したのは大きかったですね。「あれ、今までの18年間、自分は日本語が使えていなかったんだ」ということに、ようやく気付いたんです。

読めたつもりになっていたけれど、ちゃんと読むこと、つまり精読はできていなかったんですね。

## クイズ作りで日本語の力が向上した

日本語の力について転機になったのは、東大で「東京大学クイズ研究会」に入ってクイズ作りをはじめたことでした。

クイズの問題文って、短めの文ですよね。だから、小説などの長い文章よりも、隅々まで気を配りやすいんです。単語の正確な定義やその並べ方、助詞や副詞の使い方……はじめてそういうことを意識して文章を作りました。

特に、当時は早押しクイズ用の問題文をよく作ったんですが、早押しクイズって、解答者がどのタイミングでボタンを押すかわからないですよね。問題文をすべて読み終えてから押すとは限らない。だから、単語の並べ方にも気を使って問題文を作りました。

たとえば、次の二つの問題文を見てください。実は答えは二つとも同じなのですが、情報の並び順が違います。すると、解答者にとっての味わいがまったく変わるんです。

**① 栃木県の郷土料理である、鮭の頭や炒り大豆、大根などの残り物を煮た料理は何でしょう？**

**② 鮭の頭や炒り大豆、大根などの残り物を煮た、栃木県の郷土料理は何でしょう？**

①の問題文なら、「栃木県の郷土料理……」と読み上げられた段階で、解答者は「栃木の郷土料理というと、佐野ラーメンか、しもつかれかな。かんぴょうは『料理』という感じではないし……」などと考えはじめます。そして次に「鮭の頭……」と読み上げられた瞬間に、しもつかれだと解答できます。候補の中で鮭の頭を使うのはしもつかれだけですからね。

一方で②の問題文なら、「栃木県の郷土料理」という決定的な情報は最後に登場しますから、①のときと同じような推論は使えません。でも、冒頭でしもつかれの材料を羅列しますから、料理に詳しい人なら早い段階で解答できるかもしれません。

こんな感じで、答えが同じ問題でも単語の並びによって正答できる人の傾向が変わるはずです。

クイズを作り始めるまでは気付かなかったけれど、日本語の文章を読んだり書いたりするときには、そこまで注意しなければいけない。僕にはその意識がなかったから入試の現代文に苦戦してしまったんですが、クイズ作りのおかげで、だいぶ改善しました。

それは、日本語の読み書きの能力はトレーニングで向上するということでもあります。だから、読み書きに苦手意識を持っている人も、「自分にはセンスがないから」と思い詰める必要はないと思いますよ。

## セカイ系に親しんできた

ところで、僕が好んで読んできたライトノベルには、『涼宮ハルヒの憂鬱』をはじめ、「セカイ系」と呼ばれる世界観を採用したものがあります。ちょっと古い言葉ですが、セカイ系を一言で説明すると「身近で日常的なものごとが、世界の運命など極端に大きなものにつながる」傾向のことです。

たとえば『涼宮ハルヒ』シリーズだと、主人公の男子高校生キョンのクラスメイトである涼宮ハルヒが、実は世界の運命を左右する力を持っていることが明かされます。こうして、クラスメイトと過ごす具体的な日常が、抽象的な世界の運命とつながるわけです。これはセカイ系的な構造の典型例です。

セカイ系的な世界観は、1995年から放映されたTVアニメ『新世紀エヴァンゲリオン』以降はサブカルチャーの世界に浸透しましたから、1993年生まれの僕は、物心つく前から無意識に親しんできた可能性があります。実際、同世代のクリエイターを見ていても、セカイ系的なものの見方が身についていることを強く感じますね。

なぜそんな話をするのかというと、僕が小説の感情表現を苦手だと思っていたのは、セカイ系的な小説をたくさん読んできたのが原因なんじゃないかと考えたからなんです。

セカイ系の作品だと、何かしら劇的で極端な状況が描かれますよね。殺人などの事件が起きたり、巨大な陰謀に巻き込まれたり。そして、そういうシチュエーションの中で、主人公たちが非日常的な経験をして、喜んだり悲しんだりする。

それはいいのですが、僕はそういう非日常的な体験をしたことがないので、彼らが味わう感情がなかなか理解できません。

日常的な状況での感情描写ならわかるんです。たとえば主人公が学校のテストで失敗して落ち込む描写があったとして、それなら腑に落ちます。僕も似たような経験をしたことがあるから。

でも、戦場で戦友を亡くした主人公が悲しむシーンがあったとしても、僕は同じ経験をしていませんから、「そういうものだろう」としか思えない。もちろん普通は悲しむと思いますが、リアリティをもって想像することはできません。

もし僕が日常を舞台とした私小説ばかりを読んできたら、感情表現に苦手意識を持つことはなかったかもしれませんね。読んできた本の傾向が今の僕を形作ったことになります。

# 世界をひっくり返すクイズ

でもセカイ系の世界の広がりが好きだった。セカイ系の小説をよく読んできたことは今の僕の仕事にも反映されていて、セカイ系的とまでは言いませんが、そのクイズの世界のルールをひっくり返すような、壮大な仕掛けを用意する傾向があるようです。

たとえば、僕が企画した「東大生100点は取り飽きたので人生最高得点を取る旅に出ます」という動画があります。メンバー5人がいろいろな手段で高得点を取ってそれを競う企画なんですが、みんながゲームとか特殊な麻雀とかで点数を競う中、僕はひとり、地球儀を持ち出すんですね。

で、ミニチュアの地球をフレームから外します。普通の地球儀は、地球を北極点と南極点で固定しますから、外すと北極と南極が出てきますよね。僕はそれを以て「二つの『極点』がとれました。これで『2極点』」としたんです。「極」というのは数の単位で、10の48乗を意味する、もの凄く大きな数です。

数百とか数千といった日常的な感覚で理解できる単位じゃなくて、途方もなく大きなスケールまでインフレさせる発想は、少しセカイ系的、あるいはライトノベル的と言ってもいいかもしれません。

新しい発想にたどり着くために、少しずつ準備を積み上げるタイプの人と、ひらめきが降ってくるのを待つタイプの人とがいると思うんですが、僕は後者です。夢で見たアイデアを企画にしたこともあるくらいなんですが、そういうひらめきがどこから来ているかというと、これまでの僕のインプットだと思うんです。つまり、ライトノベルなどの小説です。

僕がもともと持っていた傾向にインプットがプラスされて、今の僕の仕事になっています。もし僕が群像劇ばかり読んできた人間だったら、まったく違う企画を立てていたと思いますよ。

# あなたなりの読書

本を読むのが苦手だという方がいます。どうしても難しい本が読めない、理解できないという方もいるでしょう。

でも、読書は自由です。決まりはありません。

もやもやとした違和感を抱きながら小説を読んだり、ライトノベルを荒っぽく読んでいたかつての僕の読書は、理想的なものではなかったかもしれません。でも、違和感を持ちつつであっても、飛ばし読みであっても、今の僕の血肉になっています。読書はそれでもいいんです。

そもそも、本って、どうしても読まなければいけないものなんでしょうか。個人的には読まないよりは読んだ方がいいと思いますけれど、こんなにコンテンツがあふれている時代ですから、読書だけが最高の行為だと言うことは難しいでしょう。ある人にとって読書がどういう価値を持つかは、その人が決めることだと思いますよ。

でも、少なくとも僕にとっての読書には価値がある。だから本を読んでいます。

ただし、楽な姿勢で、気負わずに。僕はだいたい、寝っ転がって本を読むんです。

# 論理的であることの「気持ちよさ」

小さいころから法則を見つけるのが好きで、
数々の謎解き・パズル大会でも活躍するふくらP。
日常生活も論理的思考で考えるパズル王は
どのように誕生したのか。

Fukura P

## ふくらP

The Roots of Learning 07

1993年生まれ。東京工業大学在学中の 2016 年12月、QuizKnock に加入。翌年、YouTube チャンネルの開設を提案しプロデューサーを務める。2023 年 4 月より、日テレ『DayDay.』に月 1 レギュラーとして出演。『クイズ！あなたは小学 5 年生より賢いの？』1000 万円獲得、『今夜はナゾトレ』優勝などクイズ番組でも活躍中。第 4 回謎解き検定では満点を獲得するほどの謎解きフリーク。

「リンゴは赤くて、パプリカも赤くて、近所の車も赤かったから、世界にあるすべてのモノは赤いはず」と主張する人がいたら、どう思いますか？

明らかに間違っていますよね。だって、レモンは黄色いですから。数個だけ見て得た法則を、世界のすべてで成り立つと考えてしまうのは早計です。

でも、こういう例もあります。「すべての人間は母親から生まれた」「日本人は人間である」という前提があるとして、1億2000万人以上いる日本人の全員が母親から生まれたかどうかは、それぞれの人に確かめないと分からないでしょうか？

そんな必要はありません。「すべての人間は母親から生まれた」「日本人は人間である」という事実があるなら、すべての日本人が母親から生まれたことは間違いありません。それは「論理」によって導けるからです。

論理とはこのようなものです。

疑う余地がゼロで、絶対に確実であるということが言えます。言い換えるとそれぞれの具体的なモノを一つひとつ調べなくていいんです。

あるいは数学風にはこういうことが言えます。

2＋3＝5が成り立つということが既に分かっていたとしましょう。これは2個のリンゴと3個のリンゴを並べると5個になり、2個のパプリカと3個のパプリカを並べても5個になることを意味します。この時、「レモンを2個と3個並べると6個になるかも」などと心配する必要はありません。すべてに成り立つことが分かっていたら、個々を確認する必要がないのです。

僕はそんな論理に魅力を感じます。僕がいちいち調べなくても、調べていない場所を「埋め尽くしてくれる」論理に。

残念なことに、「頭がいい」とか「論理的である」ことって、必ずしも格好いいと思われていないですよね。「ガリ勉」みたいなマイナスイメージがついていたり。

僕はそのイメージを変えたいんです。学ぶことや、学んで論理的な思考力を身に付けることは、とても格好いいはず。そのためには、「論理的である」ことの本当の意味や心地よさについて知ってもらえるといいと考えています。

## パズルと論理の快感は似ている

いきなりですが、ここでクイズです。

ＱｕｉｚＫｎｏｃｋのメンバー全員のボディチェックをしようとなったときに、「伊沢（拓司）より身長が高いメンバー」と「伊沢より身長が低いメンバー」全員のボディチェックをすれば全員のチェックができたと言えるでしょうか？

答えは×です。伊沢が漏れていますね。この場合「伊沢より背が高いメンバー、低いメンバー、そして伊沢、伊沢本人ではないが伊沢と全く同じ身長の人」をチェックすれば漏れはゼロだと言えます。論理的に。

この「漏れがない」というのが気持ちいいんです。

僕はパズルを解くのが好きなんですが、それはパズルを解く行為がこの漏れなく敷き詰めるという作業の繰り返しだからです。たとえばピースを合わせて絵を完成させるジグソーパズル。四隅のどこかに使われるはずのピースが右上にも右下にも左上にも嵌まらなかったら左下に嵌まるはずです。虫食い算やナンバープレースのような数字を使うパズルも同じ。0から8のどの数字も入らなかったら9が入るはずです。もちろん実際にはもっと複雑なことをたくさんやっているのですが、根本的には漏れなく敷き詰める作業をやっていることに変わりはありません。

さらに、パズルではなくクイズについても考えてみましょう。いいクイズとはどんなクイズかを考えると、「なるほど！」という快感が大きいものだと思うんです。これはつまり納得感の大きさがクイズの楽しさを作っていると言えます。

そう、納得感が大きいものが僕は大好きなんですね。その点、人を納得させるパワーがとても強いのが論理です。なぜなら絶対に確実なんですから、これほど説得力があることはありません。だから論理は気持ちいいんです。

## 数字の美しさ

僕は、子どものころから数字が好きでした。

2つ上の兄がいるんですが、兄が習っている九九が面白そうに見えて、一緒に覚えようとした記憶があります。掛け算を習うのは小学校2年生だから、僕はまだ幼稚園児だったんじゃないかな。

九九を全部覚えることはできなかったんですが、その中の「平方」だけは覚えたんです。平方とは、2×2とか9×9みたいに同じ数字を2つかけることですね。幼稚園児ながらに、整然として美しいと感じたのを覚えています。

そういう数字好きの傾向はその後も変わりませんでした。

中学生の時には数学者が出てくる小説『博士の愛した数式』を読んでずいぶん影響されましたね。老いた数学者が、はじめて会った女性に靴のサイズを訊いて「24です」という答えを聞くと「4の階乗だ」と答えるシーンがあります。階乗、つまり4!=4×3×2×1=24というわけです。

それが僕の目にはとても格好良く映って、たまにマネをしていました。部活で校舎の周りを走ってタイムが599秒だったら「599は素数だな」みたいに(笑)。

## 数学は自由なのに納得感が大きい

僕は数字だけじゃなくて、計算や数学も好きでした。

数学の魅力は、やり方の自由度がとても高いことと、さっきの言葉を使うと「納得感」がとても大きいこと。

たとえば「37×99＝？」という問題があったとします。これは、苦労して37×99を計算しても納得できる答えが出るんですが、99＝100−1でもあるから、「37×（100−1）＝？」という式に変換してもいいんです。

37×100は簡単に暗算できますよね。3700です。あとはそこから37を引くだけで37×99の答えにたどり着くことができます。しかも正確性は変わらない。

他の方法もあります。37は3倍すると111という綺麗な数字になります。逆に99を3で割ると33になります。そこで、「37×99＝？」を「111×33＝？」に変換しても答えは同じになるはずです。掛け算の順番を入れ替えて33×111にすると計算が楽です。実際に筆算するところを想像してもらえたら分かると思いますが、33の1倍を3回書いて足し算するだけで計算ができます。こうやって求めても、やはり答えは同じ値になるんです。

答えにたどり着く方法がたくさんあって、しかもそのどれもが正しいという納得感が気持ちいい。それが僕が数学を好きな理由です。

## 数学も論理の上にある

そして、僕が数学が好きなことと、先ほどお話ししたように論理が好きなことは繋がっています。数学もまた、論理の上に乗っているからです。

ちょっと難しい表現をすると、数学は、論理という大きな集合の部分集合だと思っています。それはつまり、論理的なものは必ずしも数学じゃないけれど、数学は必ず論理的である、ということです。

数学といっても色々ありますが、どれも論理の上で動いていることには変わりはない。論理的ではない数学は存在しません。数学的なものは、必ず論理的なものでもあるはずです。

でも、逆に、論理的なものがすべて数学であるとは限りません。文系の学問も論理の上に成り立っていますよね。どんな学問でも全く根拠のないものはありませんよね。

その意味で、この世界のすべてのものは論理の上に立っていると言ってもいいかもしれません。いや、すべてのものの根底に共通してひそんでいるものが論理、と言ったほうがいいかな?

そして繰り返しになりますが、論理の魅力は絶対に確かであることです。

ただ、補足すると、僕らの日常生活は論理の力だけで動いているわけではありません。なぜなら、人間は感情に左右されて動くからです。論理的に考えて早く起きるべきなのに、寝たいという感情が勝って二度寝してしまう。論理的に考えて人前でこの案を発表するべきなのに、恥をかきたくないという感情が勝って発表できない。こういうことってよくあると思います。そんな「論理」の対義語ともいうべき「感情」とどう関わっていくかということも考えなくてはなりません。

僕は論理的な人間であると思っていますが、同時に、感情をリスペクトしたいとも思っています。論理と感情のバランスは人によって違い、論理的な人もいれば感情的な人もいますが、そこに優劣をつけないことが大事じゃないかな。

ＱｕｉｚＫｎｏｃｋのメンバーだと、須貝（駿貴）さんなんかは僕以上に論理寄りの人だと思うんですが、感情を大切にする人が須貝さんと僕の会話を聞いたら「なんだこの殺伐とした会話は」と感じると思うんです（笑）。

論理はこの宇宙の根底にあるものだけれど、僕たちの日常がいつも論理だけに従って動くわけではないですよね。そこは気を付けています。

## 大学の貴重さに気づけなかった

僕は東京工業大学を中退しています。でも、他の人には、もし大学に入れたのなら、やっぱりちゃんと卒業することを勧めたいですね（笑）。というのも、大学は学びを得る上でとても貴重な場所だから。

学生のころの僕はその貴重さを分かっていなかったんです。子どものころから「大学は遊べる場所」というイメージがあったこともあり、いざ東工大に入ってみると講義も課題もものすごくハードで辟易しました。高校と違って復習が必須な難度、それなのにサークルやバイトなど環境や時間の使い方が変わったこともあり、僕は一夜漬けでなんとか試験をクリアするような状態が続いていました。

それでなんとかやってきたんですが、3年生を終えた時点で少しだけ単位が足りなかったんです。そのとき、「こういうその場しのぎは限界だから、もう一度、1年生の内容から勉強するしかない」と思って休学したんです。

ところがそのタイミングでQuizKnockがどんどん大きくなっていたこともあって、やがて僕は正式に退学しました。もともとクイズ作家に憧れていたこともあります。

ただ、今でも「大学は出ておきたかったな」と思います。第一線の研究者である教授たちから、よく練られた教材で最新の知見を学べる大学という場所は、やっぱり特別ですよ。

今は本や動画など学びの手段はたくさんありますが、それでも大学には及びません。もう一度大学で数学や物理の講義を受けたいなと、心から思いますよ。今の僕は勉強に飢えている、「学びの欲求不満」の状態です（笑）。

## 確かな知識のために

でも最近思うのは、もし僕が大学で4年間、しっかり勉強できたとしても、それはそれで物足りなさは残ったんじゃないかということです。学部の4年だけじゃ学び足りなくて、院まで進む人はたくさんいますよね。

じゃあ大学院で博士号を取ったらそれで満足するかというと、そんなことはなくて、むしろ博士号は研究者としてはスタートラインにすぎません。では研究者として業績を挙げたら満足かというと……「これで自分の好奇心は満たされたので、勉強はやめますね」と言う研究者は多くないでしょう。

そう、学びには終わりはない。知れば知るほど、もっと知りたいことが出てくるからです。何度ごはんを食べても時間が経つとお腹が空くし、新しいものを食べてみたくなるのに似ています。

もちろん、どれだけ時間をかけても、世界のものごとをすべて知り尽くすことはできません。でも、自分が「知りたい」と思ったことは、できるだけたくさん、できるだけ正確に知りたい。その気持ちを大切にしてほしいです。

# 学びは一問のクイズから始まる

進路、仕事、迷ったとき、
クイズはヒントと自信を与えてくれた。
解答ボタンを押す、その一歩を踏み出すには。
クイズ王伊沢が語る「楽しいから始まる学び」の原点。

Takushi
Izawa

# 伊沢拓司

08

The Roots of Learning

1994年生まれ。東京大学経済学部卒業。「全国高等学校クイズ選手権」で史上初の個人2連覇を達成。2016年にQuizKnockを立ち上げ、現在YouTubeチャンネルは登録者数235万人を突破。2019年には株式会社QuizKnockを設立し、CEOに就任。これまで『東大王』『冒険少年』など多くのテレビ番組に出演してきたほか、全国の学校を無償訪問するプロジェクト「QK GO」の立ち上げ、復興庁・内閣府の有識者会議への参加など、幅広く活動中。主な著書に『勉強大全』、『クイズ思考の解体』。

## 親が与えてくれたもの

僕の実家は、とくにエリートというわけじゃないんです。お金持ちでもないし、父親こそ一応、早稲田大学を出てはいますけれど、卒業までだいぶかかったらしいですから（笑）、勉強とか学問に対してすごく熱心ということはない。家に漫画とか映画とか音楽とか、「文化資本」があった、みたいなこともないんです。ピアノは後から買ったけど弾けるのは自分だけだし。

ただ、その反動かもしれないですが、両親にはカジュアルな向学心みたいなものはありました。すごく難しい本を読んだりはしないけれど、TVで見るのはバラエティ番組よりも教養番組とか大河ドラマが多かったり。

NHK大河ドラマの『利家とまつ』を親と一緒に見た記憶がありますけれど、子どもが自分から見る番組じゃないですよね。そういう意味では、親による「学び」への方向付けはありましたね。

小学1年生のときには、家にあった織田信長の歴史漫画を読んだことをよく覚えています。実は僕が歴史に興味を持ったきっかけがその歴史漫画なんですが、それもブックオフで100円で売られていたものを、親が買って家に置いておいたんですよ。

このときに、家に置いてあるのが不良もののバトル漫画だったら、少なくともこの時点での僕は歴史に興味を持ちませんでしたよね。友情とか人付き合いとか、もっと大切なものを学んでいた可能性はありますけど。

結局こういうことの積み重ねはあって、学びに向かいやすい環境や雰囲気が用意されてたんですよね。

それが僕の、無意識のものも含めた考え方の癖や方向性、つまり「マインドセット」を形作ってきた気がします。特段勉強を教えるとかそういうことではなくても、それが自分が受けてきた教育だったように思いますね。

## 課題を自分で探す少年

とはいえどちらかというと、学校とか家の外の環境が自分に与えた影響が大きかったように思います。最寄りの小学校が県下一のマンモス校だったので、親が無理して私立に入れてくれたんです。片道1時間、電車通学でした。

当時はスマホもない、ケータイも性能はしょぼくて色々な情報を手に入れることは難しいということで、本を読むしかやることがない。でも、歩いている時間は本も読めません。なんなら家に帰ってきたって、地元の友達は学校が違うから一人で遊ぶしかない。親も働いてるからいなかったりする。兄弟もいない。

つまり、「一人の時間」が圧倒的に長かったんですよね。その間は考え事をするか、一人で遊ぶしかない。それが大きな意味を持ったと、今になって思います。

子どもが複数人集まると、何かを共同でやるわけです。木に登る、穴を掘る、鬼から逃げる。共通の課題を見つけ、それを解決する方向に動くわけですね。スポーツとかゲームもそうですけど。そしてそこには、言い出しっぺがいる。

　でも僕は一人でしたから、遊びの課題が外から与えられないんですよ。「○○しようぜ！」と言ってくる友達がいませんから。だから、僕は自分で自分に課題を与えるしかなかったんですね。

　そこで僕は、勝手に一人で課題を設定して、それをクリアするということを繰り返していました。課題といっても、「講談社火の鳥伝記文庫を読破する」とか「好きな漫画の1話ごとのレビューを書く」とか、勝手気ままなテーマ設定でしたけどね。それに、別に優等生だったわけじゃないので、「親の目を盗んでカードゲームを買う」とか「こっそりランドセルにゲーム機を入れて家を出て、通学中に遊ぶ」といった課題もたくさんありました（笑）。でも課題は課題ですよね。

　自分で課題探しをして、それを解決しようとする癖付けができたので、自分への自信とか、自主性みたいなものは育ちましたよね、経路の良し悪しはともかく。外からテーマが与えられないわけですから、自分で探すしかない。だから僕は自発的に、課題を探してそれをクリアするということを繰り返していたんです。それも今の僕への伏線ですね。

# 管理と放任の間

共働きといっても、両親は僕を放任していたわけではないんです。「勉強しなさい」と言われることはけっこうありました。

ただ、言うタイミングが上手かったですね。誰でも遊びの最中に「勉強しなさい」って言われたら嫌じゃないですか。でも両親は、僕がゲームに夢中になっている間は放っておいて、一段落してだらだらし始めたら「そろそろ勉強しなさい」と声をかける。そんな感じで、僕が言われたら渋々にでも納得せざるを得ないタイミングで言い出すわけです。

といっても、小学校高学年になると勉強もそれなりに難しくなってくるので、一緒に机に座って問題を解くようなことはありません。たまに現れて「勉強したら？」と言って去るといった風に、上手に僕をマネジメントしていたと思います。

そうそう、余談なんですが、ＱｕｉｚＫｎｏｃｋのみんなを見ていると、やはり親の影響は大きいなとは感じますね。教育に携わっている人が多い。須貝（駿貴）なんてお父さんは学校の先生だし、そうか、鶴崎（修功）もそうですね。

## マインドセットを提供したい

今まで話してきたようなことって、なんというか、具体的なメソッドじゃないですよね。僕は親から勉強法とか時間の使い方を叩きこまれたわけじゃなくて、育った環境によって漠然としたマインドセットを手に入れ、それが今も活きているんです。具体的にいうと、「学ぶことは楽しいんだ」という信念とか、自発的に課題を探そうとする癖とか。

ちょっと残酷ですけど、そういう環境によるマインドセットって、手に入れるのは簡単ではないと思います。他者依存の要素も多いし、運も絡むので。

お金なら、コツコツ働くとか、ビジネスを成功させるとか、ある程度論理性の中で増やしていける。勉強法とか単なる知識なら、本を買って読めばいい。

でも、マインドセットはお金では買えないんですよ。なにかのセミナーにちょっと参加したとしても、簡単に手に入るものではない。その意味では、学びへのマインドセットを手に入れられた僕は、とても恵まれていたと思います。

そして、そのマインドセットこそが、僕がＱｕｉｚＫｎｏｃｋで多くの人に伝えたい、もっというと「実装したい」ものなんです。

ＱｕｉｚＫｎｏｃｋが伝えたいのは、勉強法や知識だけじゃないんです。いや、もちろんそういうことも大事だし、僕たちの活動で新しいことを知ってくれたらすごく嬉しい。だけど、僕が本当に身に付けてほしいのは、学びへのマインドセットです。

## 環境が育むマインドセット

僕が自分が育った環境について話してきたのは、それがたまたま学びへのマインドセットを得やすい環境だったからです。両親に学びへのモチベーションがあり、家に本があり、自由な時間がある、みたいな。

これは偶然得たものだし、その環境を再現するのはカンタンではないし、環境を再現しても同じようになるかはわかりませんよね。たとえば地域だけ見てもそうで、日本には書店がぜんぜんないような場所も少なくありません。そういうところで生まれ育ったら、読書習慣を身に付けるのはけっこう大変ですよね。僕もブックオフに救われましたし。

あるいはご両親の習慣。たまたま、僕の両親は新聞を読んだり歴史ドラマを見たりする習慣がありましたけれど、そうでないご家庭だって多いでしょう。そもそも歴史ドラマが教育につながるかもわからないし、バラエティを見ていたほうが語彙が増えるみたいなこともあるかもしれない。

マインドセットが一朝一夕では身に付かないのは、結局のところだいぶ運要素が大きくて、かつゆっくりゆっくり育まれるしかないものだからかなと思います。

じゃあどうやって手に入れればいいのかというと、これはもう幸運を祈りつつ環境を整えて、何かしら芽が出てきたらそれを伸ばすために習慣化させていくしかないですね。「新しい知識を手に入れるって楽しい」「学ぶってエキサイティングだ」と感じる経験を積み重ねれば、時間はかかりますが、学びへのマインドセットが身に付くはず。

成功体験の繰り返しがキーになるわけで、そのためのツールの一つとしては、クイズは有効だろうな……みたいなことがひとつ、ＱｕｉｚＫｎｏｃｋのやりかたへとつながってきますね。

## クイズは成功体験を得やすい

クイズは学びへのマインドセットを身に付けるのに適した要素を持っていますよね。

学ぶ楽しさを体得する一番シンプルな方法は、成功体験を積むことです。「わかった！」「問題が解けた！」とか、ちょっとしたものでいいんですけど、成功体験による自己の肯定が学ぶモチベーションになり、また学んで成功するからまた自己肯定感がたかまって、いいサイクルが生まれるわけです。

学びの成功体験は本当になんでもいい。小さな成功の積み重ねが、モチベーションを繋いでくれます。そして、クイズはすごく手軽に成功体験を得られるんですよ。短い時間で出来て、その場ですぐに正解／不正解が出ます。試行回数を稼げて、偶然も含めた小さな成功体験を得やすいんですよね。うまくいけば短時間で何度も気持ちがいいわけです。

別にクイズ王みたいになる必要はどこにもなくて、一問の正解を喜べれば、それは成功体験であり、ほんのちょっと学びへとポジティブな一歩を進めたことになります。そういう小さな成功をきっかけにして、少しずつ学びの楽しさを知り、最終的にはポジティブな習慣付けが行われたら嬉しいですね。

## 挑戦する勇気

ただし、成功体験を得るためには壁があります。当たり前ですけれど、チャレンジしなければ、決して成功体験は手に入りません。

シンプルな話ですけど、「クイズに正解する」という成功体験を手にするためには、最低でもクイズに挑戦しないといけない。早押しクイズなら、早押しボタンがつかないと正解はできないわけで、「私、やってみたいです」と手を挙げて挑戦しないといけないんですよね。

ところが、それがものすごく難しい。過去にクイズで上手くいったとかの成功体験があれば、次のチャレンジへのハードルは低くなるでしょうけれど、「成功体験を得るためにはチャレンジすべし」→「チャレンジしやすくなるためには成功体験が必要」とループしていますからね。上手くいったことのないことにチャレンジするってとても難しいことです。

実際、中学校とかに講演に行って「さあ、じゃあ早押しクイズをやるぞ！」といってボタンを出しても、生徒たちはもじもじしてボタンの前につかないんですよ。ボタンの近くまでは来るんですが、互いの目を見てけん制し合ってしまう。

なぜチャレンジできないのかを、言語化するのは難しいです。失敗が怖いこともあるでしょうし、注目されたくないとか、出しゃばって調子に乗っていると思われたくないとか、いろいろな理由があるでしょう。とにかく、いろいろなものがないまぜになって、結果として「挑戦しない」ことを選んでしまう。

でも、大人だって同じですよね。大人相手の講演会で「質問がある方⁉」と聞いても、様子を見ながらちらほら……ということが多いんです。子ども以上に手を挙げないかもしれないですね。別に僕に訊きたいことがないわけじゃないんだけど、やっぱり挑戦が怖い。

子どもに限らず、クイズに限らず、成功体験を積み重ねるためには挑戦が必要。でも、そこのハードルが高い、というのは、学びのマインドセットへの大きな障害なんですよね。

## はじめの一歩のハードルを下げる工夫

実は、最近は、子どもたち相手の講演では早押しクイズはやっていません。今言ったように、チャレンジのハードルがちょっと高いからです。

今はその代わりに、みんなでワイワイ協力しながら解けるような課題を出すようにしています。この方法だと注目度や課題を解く負担が分散できますし、あと、一人がやる気を出すと、それが他のメンバーにも波及するんですよ。

なんなら解答も、口で発するんじゃなくて、オンラインのフォームで僕のスマホに届くようにしたりして。「一人で解いてもいいよ、みんなで解いてもいいよ」みたいに縛りも緩やかにしてます。

つまり僕はそうやって、安全な環境を作っているわけですよね。できるだけ低いリスクでチャレンジできるように。

肝心なのは、彼ら自身が「自分はチャレンジできた、一線を越えられたんだ」と認識することであって、極端な話、正解か不正解かすらどうでもいいんです。カンニングしてもいいし、見当はずれな答えでもいい。チャレンジしづらかったのが、チャレンジできるようになっただけでも、最初の成功体験なんですから。

一度、成功体験を手に入れられれば、少しずつ次へのハードルは下がっていき、ちょっとだけ難しい課題にもチャレンジできるようになる。だから、こういう工夫で「はじめの一歩」のハードルを下げるのは大事です。

## チャレンジの痛み

となるとやはり、チャレンジしやすい一瞬の環境づくりとか、チャレンジを歓迎し褒めるタイミングを逃さない事とか、大人がするべきことはそういう瞬発系のアクションになってきますよね。

たとえば、これは実際にあったことですけど、学校で僕が生徒相手にクイズを出して、「わかる人？」と訊いたときに、吃音がある子が勇気を振り絞って手を挙げたとします。これはものすごいチャレンジですから、絶対に成功体験を得てほしい。クイズに正解してほしいということではなくて、正解でも不正解でも「手を挙げてよかった」と思ってほしいという意味です。

だからそういうとき、僕は全力でその子を守ります。その子の正面に立つと緊張させてしまうから、横に立つ。しかしながらその子の方を向いて、ちょっとプライベートな空間を作る。周りにも、その子にも「一対一の対話空間」を意識させたくて。横槍を避け、観衆を忘れさせるようなイメージです。そして絶対に解答を急かさない。

チャレンジしようとしている、とても貴重なタイミングを、どうやって守るか、どうやって良いものにするかが、僕の仕事だなと思っています。

あと、安全な環境を用意するといっても、過剰な配慮は逆の意味を持つこともあります。たとえば、ハンディキャップを持つ子を僕が指名したとしても、あんまり難易度を下げたりということはしない。ヒントの出し方を変えたりはしますけどね。安全だけど達成感がちゃんとある環境を、本当に丁寧に作り上げないといけません。もはやこれは、全員に対してやっていることですけどね。ひとりひとりの顔を見て、その人がやりやすい形を作ってあげることを目指しています。

それに、どれだけ周囲が準備しても、チャレンジにまったく痛みが伴わないことはないと思うんです。

クイズに答えるのも、大学院に進学するのも、一冊の本を買うのも、大なり小なりコストとリスクがあります。そのうえで、リスクを取ってくれたことをどうポジティブなフィードバックにつなげていくかというのが、僕の仕事です。

## チャンスはまたやってくる

はじめてクイズに挑む子どもたちだけではなく、誰にとっても、新しいチャレンジはリスクを伴います。恵まれた環境に生まれたり、準備や努力を重ねたりすればリスクは小さくできるかもしれないけれど、絶対にゼロにはなりません。3％か10％か50％かはわかりませんが、失敗したり痛みを覚えたりするリスクは必ず残っている。

そこで大切になるのが、マインドセットなんです。よく言われることではありますけれど、30％の確率で失敗する課題があったとして、「70％の確率で成功できるじゃん」と捉えるか「30％も失敗リスクがあるのか……」と捉えるかは、知識の問題ではなくマインドセットの問題です。どちらの人も持っている知識は同じなのに、注目する面が違うわけですからね。

僕は前者を目指しています。うまくいかないこともありますけど、まずは成功についで考えたい。

でも正直、その時のメンタルの具合によって目を向ける方向って変わりますよね。そんな時に「常に成功のことを考えろ！　リスクは忘れろ！」って言われても無理だし、そもそも、人間はそうカンタンに変われるもんじゃありません。じゃあ、どうマインドセットを作っていくのか。

そんな時の僕のマインドセットの作り方は、失敗した先のことを、割と長いスパンで考えてみることです。人は「失敗したら終わりだ」と思ってしまうとビビるわけですけど、「意外とこの失敗では終わらんのでは？」と考えることで前向きになれます。長い目で見たらそんなに大きな失敗じゃないし、一回失敗しておけば次は失敗しづらくなるし……みたいな、失敗の相対化を長期の目線で行うわけです。そうすると、成功したら嬉しい、失敗してもそんなに痛くないんじゃない？　みたいなマインドで前に進めたりします。

まあ、こんなことを言っている僕も、「もう終わりだ！」と思いこんでしまったことは全然あります。僕は東大で経済学部にいたんですけど、大学院の入試に落ちてしまって、やむを得ずに農学部の院に行ったんですね。

留年して経済学部の院を狙い直すとか、就活するとか、そもそもクイズで食っていくとか、色んな可能性がある中で、それでも真剣にやるぞと思っての農学部だったわけですが、全然うまくいかない。当時はじめたばかりのＱｕｉｚＫｎｏｃｋもまだまだ無名だったので、どちらも頑張りたいけどどちらも中途半端で結果が出ず、これはもう人生どうすんだという感じでした。心の病を抱え、大学の門をくぐれないくらいには追い込まれましたからね。とてもポジティブにはなれなかったし、挑戦する気力も残ってなかった。ＱｕｉｚＫｎｏｃｋがハネてなかったら、その後どうなっていたかと思うと恐ろしいですね。

でも今になって思うと、そこまで自分を追い詰める必要はなかったんですよね。大学院を辞めても、あるいは事業に失敗しても死にはしないし、次のチャンスは来るからです。もうちょっと前向きなマインドでいさえすればね。だけど、当時はわからなかったな……。

「チャレンジのチャンスは何回も来る。だから失敗して大丈夫」と思えるマインドセットって、やはり環境とその時の状態による影響が大きいと思います。チャンスが何度ももらえる環境で育ったら、もう少しおおらかにリスクと向かい合えますよね。でもその逆だったら、守りに入るしかない。メンタルの調子とかもそうで、前向きに考えられる波の時と、そうでない時、どちらもあります。

環境要因については、社会全体による影響もありますよね。日本の子どもたちは自己肯定感が低いと言われていて、それを何が作っているのかというのは、子どもたちや家庭だけの問題ではないと思うんです。

## クイズは一回だけじゃない

話題が大きくなりましたが、クイズはまあ、そうした状況の改善に一役くらいは買えるんじゃないかなと思っています。僕は政治家じゃないから根本的な社会変革は出来ないかもしれないけれど、エンターテインメントという「搦《から》め手」を使えば、ちょっとだけ社会をいい方向に導ける気がする。ポジティブなマインドセットを作れるかもしれない。それが、ＱｕｉｚＫｎｏｃｋが言うところの「楽しいから始まる学び」なんですよね。まずは楽しい、がスタート地点にある。

先にも述べたように、すぐにフィードバックが得られること、そして失敗してもすぐに次の挑戦がやってくること、事実の正しさというものに立脚した遊びであること……このあたりが、学びに対してクイズがポジティブに働きうる、ポジティブを習慣化させうるポイントだと考えています。

これはもう、子どもについてだけじゃなくて、大人にも言えることですよね。たまに「ＱｕｉｚＫｎｏｃｋのおかげで、もう一度大学に通おうと思いました」みたいなファンレターをいただきますが、本当にうれしい。活動に自信が持てるし、もっともっと「楽しいから始まる学び」を広げていきたいなと気が引き締まります。

もちろんＱｕｉｚＫｎｏｃｋのツールはクイズだけじゃないし、クイズは目的ではなく手段ですが、たった一問のクイズが、広大な学びへの一歩目になる可能性は十分あると思っています。ひとりひとりに丁寧に、そのきっかけを届けることが僕の使命ですね。

# あとがき――学びの「仲間」

ここまで読んでくださった方はお分かりの通り、僕たちQuizKnockのメンバーは個性的です。育った環境も、性格も、関心がある分野も違います。

でも、根底には一つだけ、全員に共通していることがあります。それが、好奇心というか、常に学びに向かおうとする姿勢ですね。

僕たちのオフィスでは日々、色々なテーマについての話が飛び交っていますが、みんないつも、スマホを片手に身を乗り出すように相手の話を聞いているんです。知らない単語が出たらすぐに検索してやろう、ということですよね。


どうしてみんな、そんなに学ぶことが好きなのか？

理由はやっぱり多様だと思うんですが、確実に言えることは「学ぶことに貪欲な仲間の存在」です。

学校のテスト勉強で、一緒に勉強する友人に力づけられたことはありませんか？

仲間がいることは、学ぶためにとても大事なんです。

勉強に限りません。テレビゲームでも、趣味でも同じです。ひとりだと飽きてしまうことも、一緒に課題に立ち向かう仲間がいればモチベーションが続きますよね。

「仲間」の意味は一つだけではありません。協力し合うのもいいけれど、ライバルとして競い合える人の存在も、大いに学びを加速させてくれるでしょう。あるいは、学んだ成果を「こんなことがあるんだよ」とシェアできる相手も、広い意味での仲間です。僕がずっとやってきた野球は、他の人と競うことが前提の競技ですから、ライバルを含めた「仲間」の存在の大切さは子どものころからよく理解していました。

ただ、そこで注意したいのは、学びの場に他人がいると、どうしても勝ち負けが気になってしまうけれど、それは重要ではないこと。

もちろん勝ったら勝ったで喜べばいいんですが、負けたとしても落ち込む必要はありません。というのも、本当の価値は勝つことじゃなくて学ぶことにあるし、そもそも学びについて勝ち続けることなんて絶対に不可能だから。

たとえば山本（祥彰）君と漢字についてクイズで勝負したら、勝てっこないですよね。でもそれで僕が落ち込んだり、漢字が嫌いになったりすることはない。漢字って奥深いな、面白いなと思うだけです。

それに、学んだことは、自分よりも知識がある人を相手にした場合でこそ活きるんです。僕は科学者と一般社会をつなぐサイエンスコミュニケータをしていますが、僕よりもはるかに深い学識を持つ研究者に話を聞くときに役立つのが、大学院まで学んできた科学の知識です。

いい問いかけをするためには、そのテーマについての知識が必要ですよね。それに、研究者の側からすると相手が知識を持っているほうが話すことが楽しい。知識があるということは、その分野に関心があったり、魅力を感じていたりすることを意味するからです。

学びでは仲間やライバルは大事だけれど、勝ち負けはどうでもいいんです。

あと、伝えておきたいのは、「学び」って肩肘を張るようなものだけじゃなく、もっと日常的でいいということ。たしかに科学や文学について学ぶのは楽しいけど、学びはそれだけじゃないんです。ライトでいい。

僕らが学んでいることは物理学とか数学とか、難しいことばかりだと思われているかもしれませんが、それだけではありません。ＱｕｉｚＫｎｏｃｋのオフィスで日々得ているのは、「テロップはこのフォントを使うと見やすいな」とか「便利なショートカットキーがある」とか、仕事についての具体的で些細な学びです。

もちろん、数学も物理学も歴史学も魅力的ですから、ぜひ学んでほしいし、僕らの仕事がそのきっかけになったら嬉しい。

でも、学びはそれだけじゃないんですね。皆さんの日々にもたくさんの学びがあるはずで、それは皆さんと周囲の人たちを幸せにするために役立つはず。そういう小さくて日常的な学びも大事にしてほしいんです。

深遠な学問から、カジュアルな仕事のノウハウまで、世の中にはたくさんの学びがあります。そして、学ぶ時には仲間の存在が大事です。

といっても、社会人になると周囲に学ぶ仲間がいない方も多いですよね。

そういう人のために僕らがいるんです。本やスマホの画面越しの付き合いかもしれないけれど、僕らはいつも、学ぶ人たちの仲間です。ライバルになったり、くじけそうになった時に励ましたりすることができたら、嬉しいですね。

一緒に学び続けましょう。

須貝　駿貴

本書はＱｕｉｚＫｎｏｃｋＷｅｂに掲載されている記事をもとに、追加インタビューを行い書籍としてまとめました。

## Special Thanks

あさぬま
鹿野
川嶋悠里
栞
ソフロレリア
千春
チャンイケ
中川朝子
菜葵
野口みな子
はぶき りさ

## 取材・構成

佐藤 喬

QuizKnock 学《まな》びのルーツ

発　行　2024年11月30日

著　者　QuizKnock

発行者　佐藤隆信
発行所　株式会社新潮社
〒162-8711　東京都新宿区矢来町71
電話　編集部　(03) 3266-5611
読者係　(03) 3266-5111
https://www.shinchosha.co.jp
装幀　新潮社装幀室
D T P　株式会社明昌堂
印刷所　大日本印刷株式会社
製本所　大口製本印刷株式会社


ISBN978-4-10-355941-2　C0095